中小学教育新探索丛书

小学生多元智能发展探索

本书编写组 编

ZHONGXIAOXUE JIAOYU
XINTANSUO CONGSHU

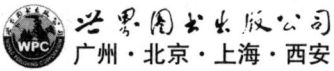

图书在版编目（CIP）数据

小学生多元智能发展探索／《小学生多元智能发展探索》编写组编．—广州：世界图书出版广东有限公司，2011．10（2024.2 重印）
ISBN 978 - 7 -5100 - 3983 - 6

Ⅰ．①小⋯ Ⅱ．①小⋯ Ⅲ．①小学 - 教学研究 - 文集 Ⅳ．①G622.0 - 53

中国版本图书馆 CIP 数据核字（2011）第 208766 号

书　　名	小学生多元智能发展探索 XIAOXUESHENG DUOYUAN ZHINENG FAZHAN TANSUO
编　　者	《小学生多元智能发展探索》编写组
责任编辑	冯彦庄
装帧设计	三棵树设计工作组
出版发行	世界图书出版有限公司　世界图书出版广东有限公司
地　　址	广州市海珠区新港西路大江冲 25 号
邮　　编	510300
电　　话	020-84452179
网　　址	http://www.gdst.com.cn
邮　　箱	wpc_gdst@163.com
经　　销	新华书店
印　　刷	唐山富达印务有限公司
开　　本	787mm×1092mm　1/16
印　　张	13
字　　数	160 千字
版　　次	2011 年 10 月第 1 版　2024 年 2 月第 3 次印刷
国际书号	ISBN 978-7-5100-3983-6
定　　价	59.80 元

版权所有　翻印必究

（如有印装错误，请与出版社联系）

本册编委

主 编

向志彬 林 川 王 智

编 委

陈盛彧	董庆佳	郭 瑛	何岸臻	何 君	何 颖	何颖惠
侯萌利	胡 念	黄筱霞	黄 英	黄 宇	惠 尹	李 佳
李 娟	李 涓	刘文可	刘 熙	罗 馨	马莉琳	马 夏
梅 宏	彭 为	彭 拥	苏 钰	谢洪艳	严立先	宇雯雯
张 琳	张 楠	张希敏	郑常玉	郑春林	周琳辉	邹 慧

前　言

　　多元智能理论是美国哈佛大学教育学、心理学教授霍华德·加德纳提出的。它打破了以往人类对智慧的刻板印象，认为人们的思维和认识世界的方式是多元化的。人的智能有8种(或8种以上)，即音乐智能、身体运动智能、数学逻辑智能、语言智能、视觉空间智能、人际关系智能、自我认识智能、自然观察智能……故称多元智能或多元智慧。这些智能会不断受先天及后天的影响启发或关闭。因而我们教育最主要的目的，不只是知识的传授，而是要发掘并引领这些智慧的发展。实施素质教育，需要我们研究和运用多元智能理论，并努力去开掘学生的多元智能。

　　多元智能理论告诉我们，每个人都具有8种或8种以上的智能，大多数人的智能都可以发展到相当的水平。即使是某些不发达的智能，一旦受到正确的指导和鼓励，也会发展到一定水平。因此，每一位教师应相信：人人都是可造之才，孩子个个都是潜在的天才儿童。只要我们给予孩子自由成长的空间与机会，采用符合学生多种学习类型的教与学的方法，孩子们的多元智能就能得到更好的开掘与发展。

　　多元智能理论认为：由于每个人的智能会出现不同的组合，因而会导致学生的兴趣爱好、学习方式的不同。教师只有真正尊重学生智能组合的不同，采用多种手段调动学生的多种感官、多种智能参与学习，才能开发和引领多种智能发展。

　　对学生多元智能的开启，教师既需要知识面广，又需要专业技能高；既需要兴趣爱好多，又需要教学方法活；既需要机智幽默，又需要善解人意。这就需要教师认真分析自身的多元智能，努力开掘自己的多元智能，使自己成为一名综合素质高的人民教师。只有这样，教师也才能真正因材施教，更好地开掘孩子们的智慧潜能。

多元智能理论不仅使课堂成为开发多元智能的重要阵地，还能帮助教师辨别孩子的学习类型，寻找到正确多样的教学方法，使教师能针对孩子的学习类型设计出丰富多彩的教与学的活动，从而达到良好的教学效果。多元智能理论的研究与实践，也使我们对传统教育从一个新的角度进行了反思。传统教育过于注重语言和数学逻辑智能的开发，而把体育、音乐等学科视作"休闲课"，忽视了学生其他智能的开发；传统教育过于注重学科分类，忽视了学科间的相互渗透与融合；传统教育的课堂教学方法只满足了部分学习类型学生的需要，却忽视了其他学习类型孩子的学习需要。所以，如果我们能注重学生多元智能的开发和利用，也许能为实施素质教育找到一条可行的途径与方法，把学生培养成为全面发展的一代新人。

本书是成都地区众多一线小学教师参与多元智能理论研究与教改实验的阶段性研究成果汇编。多元智能与课堂教学改革实验曾取得良好的效果，其中一些实验成果先后获得成都市、四川省和全国性的一些教学研究成果奖，也在当地产生了一定影响。实验内容从一开始的课堂教学，拓展到了主题活动、主题班会、主题队会和多元智力小组活动及多元智力社会实践活动。参与实验学校的教学内容、结构及方法发生了明显的变化。

本书既不是纯粹的理论研究，也不是简单的实践总结。我们以对多元智力理论的认识、理解作为实践的指导。读者在这本书中可以看到我们从理论走向实践的思考方向和具体过程。无论是在理论研究，还是在实践探求方面，对多元智力理论及其应用的研究，我们都还仅仅是一个开始，这本书的目的之一是进一步检讨和总结我们的研究及工作。我们希望以此作为一个交流的文本和基础，与大家进行更为具体深入的探讨与学习。

目 录

一、一般性研读

发挥优势智能,促进全面发展 …………………… 彭拥(2)

多元智能理论与"因材施教" …………………… 向志彬(4)

多元智能理论在开课中的运用 …………………… 严立先(9)

用"多元智能理论"看新课程下学生评价的基础 … 周琳辉(13)

运用多元智能理论促学生形成多元学习策略 …… 刘文可(15)

运用多元智能理论,解读"面向全体的新涵义" … 向志彬(20)

让我们在开放中学习 ……………………………… 郑春林(24)

二、音乐智能

运用多元智能理论,让音乐教育焕发出多彩的光芒 … 何颖惠(28)

多元智能理论与音乐素质教育 …………………… 张琳(31)

音乐优势智能扬长课教学初探 …………………… 李娟(34)

课堂实录:《望月节》 ……………………………… 侯萌利(40)

三、身体运动智能

多元智能与体育教学 …………………………………… 梅宏(48)

多元智能理论与《我爱运动》课程 …………………… 梅宏(50)

四、数理逻辑智能

运用多元智能理论提高学生解决问题的能力 ……… 郭瑛(56)

课堂实录:数8的认识 …………………………………… 黄宇(59)

五、语言智能

一起走进快乐阅读 ……………………………………… 宇雯雯(68)

课堂实录:《晓出净慈寺送林子方》 …………………… 董庆佳(71)

课堂实录:《初冬》 ……………………………………… 郑常玉(78)

课堂实录:《Let's chant!》 ……………………………… 刘文可(85)

课堂实录:一堂多元智能英语课 ……………………… 张希敏(94)

六、视觉空间智能

让多元智能走向美术课堂 ……………………………… 何岸臻(101)

浅议通感教学在空间智能扬长课中的应用 …… 何岸臻(105)

以画促写,图文并茂——用多元智慧理论指导作文课 …………………………………………………………… 彭为(108)

课堂实录:奇特的热带植物 …………………………… 黄英(109)

七、人际关系智能

实施小组合作学习,培养人际交往智能 ………… 陈盛彧(114)

手牵手,我们都是好朋友 ……………………………… 马夏(115)

课堂实录:《合作的快乐》⋯⋯⋯⋯⋯⋯⋯⋯⋯⋯⋯ 张楠(118)

八、自我认识智能

课堂实录:认识自我,相信自我 ⋯⋯⋯⋯⋯⋯⋯ 黄筱霞(122)

课堂实录:哦,原来我是这样的 ⋯⋯⋯⋯⋯⋯⋯ 邹慧(126)

课堂实录:自我完善 ⋯⋯⋯⋯⋯⋯⋯⋯⋯⋯⋯⋯ 李佳(132)

课堂实录:《成功的背后》主题班会活动设计 ⋯⋯ 侯萌利(134)

课堂实录:体验自我之真 ⋯⋯⋯⋯⋯⋯⋯⋯⋯⋯ 罗馨(139)

课堂实录:我是一朵神奇的花 ⋯⋯⋯⋯⋯⋯⋯⋯ 向志彬(144)

九、自然观察智能

开辟多元的美育空间 ⋯⋯⋯⋯⋯⋯⋯⋯⋯⋯⋯ 何君(153)

课堂实录:认识钟表 ⋯⋯⋯⋯⋯⋯⋯⋯⋯⋯⋯⋯ 苏钰(157)

课堂实录:《鸟的天堂》激情创景 ⋯⋯⋯⋯⋯⋯ 谢洪艳(163)

十、班级与课堂管理

"大班化"教学巧多元 ⋯⋯⋯⋯⋯⋯⋯⋯⋯⋯⋯ 罗馨(172)

多元智能理论与《我@信息技术》课程 ⋯⋯⋯⋯ 胡念(175)

让语文作业呈现多元的光彩 ⋯⋯⋯⋯⋯⋯⋯⋯ 彭为(182)

采用多种艺术手段丰富品德与社会课堂教学 ⋯⋯ 马夏(185)

携手多元智能漫步教学路 ⋯⋯⋯⋯⋯⋯⋯⋯⋯ 李佳(188)

构建新课程下的多元智能教师队伍 ⋯⋯⋯⋯ (191)

一、一般性研读

发挥优势智能，促进全面发展

彭　拥

从教近 20 年，心中积存了深深的忧虑：传统教育中的"精英主义"剥夺了多少孩子的"学习权"，使得一个个原本灵动的心灵变得呆滞，原本活跃的思维一步步走向平庸。教师注重的是考试成绩，关注的是"你的智商有多高"，而学生智能的现实状态及其丰富内涵却很少有人问津。多元智能理论的出现，让我们看到了教育的曙光。它变"精英教育"为"大众教育"，为每一个孩子铺设了一条金色的成长之路。

多元智能的本质是因材施教。材，就是学生。只有在全面了解学生智能特点的基础上，进行适当的教育和指导，才能取得理想的效果。但是，怎样才能发现学生的智能特点呢？有一位多元智能理论的研究者曾经幽默地建议，判断孩子最发达智能的一个好办法是观察他们在课堂上的"不规矩表现"：语言智能发达的孩子老爱说话；空间智能发达的孩子爱涂涂画画，发呆冥想；人际交往智能发达的孩子善于与人交往；肢体运动发达的孩子爱做小动作。

这些课堂上特殊而不规矩的表现其实是一种信号，是学生在向教师表示他们具有这些特长，希望被老师认可并接受。懂得了加德纳的多元智能理论后，我对学生宽容了，也开始充满信心了，不再将他们的"不规矩"视为烦恼，而是将其变成意外的惊喜，变成发展学生智能强项的切入点。因材施教，用多元智能的眼光看，就是发挥他们的强项，带动其弱项，努力使他们向最适合自己的方向发展。

在我任教的二（3）班，有一位叫小明的小男孩，因父母的工作忙，而且又是晚上工作，无力很好辅导孩子的学习。加上小明天性好动、爱玩，课堂上又不注意听讲，时常随便说话，随手涂画，考试成绩常常落在最后。下课他还经常拿着饮料瓶子追打同学，引起同学的不满。对他批评说教，效果不明显，特别是有一次，我感触很深。那是学校举办多元智能运动会，我组织学生到操场参加开幕式。小明同学不按要求站在规定的位置，总是往前挤，挡住了其他同学的视线。我便严厉地劝阻他，并勒令他站在最后边。不一会儿，就有学生报告，小明骂老师了，他说："老师真无聊"。我猛一听到这话，心里有些生气，但我很快就冷静下来了。我慢慢向他走去，看到他胆怯的目光，突然意识到自己刚才是在耍教师的权威，对他的严厉批评是带有偏见的。以为他学习成绩不好，就什么也不好，所以对他也就没好气。难怪他会说老师无聊。表面上看这个小男孩嘴巴挺厉害，其实是我忽视了他。

　　从此以后，我开始关注他。他在课堂上爱说话，我便有意叫他多发言。没想到时常有精彩之处，博得同学们的阵阵掌声。特别是那一次一班彭老师借我们班试讲时，他声情并茂的发言和活跃的思维，让我刮目相看。那次彭老师试讲的课是《春天的手》，老师努力创设情境，发挥学生的智能强项，使学生的情绪达到最佳状态。其中有一个环节是放了一段配有春水流淌声音的音乐，请学生仔细地聆听。过后提问：春姑娘来了，小溪的冰融化了，你听到了什么？看到了什么？同学们纷纷发言：我听见了小溪咚咚的声音，我听见了小溪哗哗的声音，小溪开始流动了……这时手举得高高的小明被老师请了起来，我心里一阵紧张怕他离题万里耽误时间，没想到他站起来清晰地回答到：小溪看见春姑娘来了，就发出了咚——咚——的声音欢迎她，于是小溪就唱着哗哗的歌向前跑去。听着他稚嫩、充满想象力的话语，我惊喜不已，这是个多么有童趣的孩子呀，我差一点埋没了他。课后，在评议上节课的表现时，我毫不犹豫地给小明同学发了两张奖票。这一最高奖励，对他而言，是"零"的突破。他和家人又高兴又激动，非常感谢老师的认可和鼓励。

　　加德纳说："所谓科学的教育，就是发展儿童的优势，增强儿童薄弱环节的教育。"对于学生，如何用他的智能强项带动他的薄弱环节，以达到取长补短的效果，这是我反复思考的问题。如我在上《家》这篇课文时，为了调动起每个学生的积极性，发挥他们的智力优势，便让学生"八仙过海，各显神通"，发挥自己的特长。有的同学有感情地朗读课文，有的同学合作表演课文内容，还有的同学把课文配上乐曲来歌唱。小明同学喜欢画画，高兴地拿起纸笔，根据课文内容画起了画："蓝天是白云的家，树林是小鸟的家……"他想象中的蓝天、白云、树林、小鸟全都跃然纸上。在与大家交流自己的画时，他不知不觉地背下了课文。最后，再把词语"蓝天""白云"等对应着写在图旁。就这样，他轻轻松松、快快乐乐地学完了课文。

从小明同学这样一个有个性的学生身上，我真实地感受到，利用多元智能教与学不仅是一种理想，也是真真切切的现实。它让我认识到，每个学生都有自己的优势智力领域，有自己的学习类型和发展方向，都是可造之材，只要提供合适的教育，他们都能成功。

多元智能理论使我经历了一次教育理念的脱胎换骨：对学习成绩落后的学生，我再也没有以往的嫌弃和冷淡，而是倾注了更多的热情和耐心；总是站在多元的角度观察学生，引导他们向着适合自己的方向发展。我心中始终坚信：多元智能的实施，定会换来学生心态的开放，主体性的凸现，个性的张扬，创造性的释放。这难道不正是我们教育者所期待的最丰厚的回报吗？

多元智能理论与"因材施教"

向志彬

"因材施教"是一个古老而又崭新的教学原则。说它古老，是因为早在两千多年前，大教育家孔子就已提出并实施了这一原则；说它崭新，是因为直到现在，它仍然是一个难以逾越的教育高峰，一个现代班级授课制教学中值得探讨的难题。

毋庸讳言，在统一规划的学校教育中，教师用相同的教材、相同的教学方法进行教学的传统模式仍大量存在。每一个学生则以相同的方式学习相同的学科，做相同的测验，接受统一的评价，以甄别出成绩好和成绩不良的学生。教师以相同的方式对待每一个学生，乍看起来似乎很公平，实际上是把几十个孩子当作一个孩子来教，没有真正承认和面对学生之间差异的存在。怎样发现和对待差异，实施个性化教学？怎样真正因材施教呢？

哈佛大学霍华德·加德纳教授经过多年对脑损伤病人的研究，通过大量心理学实验数据和实例的观察分析，运用最新的脑科学、心理学成果，揭开了学生个别差异的深层原因——是由于学生的智能倾向、智能组合的不同所导致的学习方式的不同。他所提出的"多元智能"理论，为我们正确理解和实施"因材施教"原则，提出了新的理论基础。

多元智能理论认为，人类认识世界的思维方式是多样化的，人人都有九种或九种以上智能。即语言智能、数学逻辑智能、肢体运作智能、音乐智能、视觉空间智能、内省智能、人际交往智能、自然观测智能、存在智能等。大多数人的智能都可以发展到一个相当的水平。因此，建立积极乐观的多元智能智力观、学生观，相信学生个个都有智慧潜能，人人都是可造之才，认真对待学生的个别差异，是教师因材施教的情感基础。

多元智能理论同时还认为，虽然人人都有九项或九项以上的智能，但是这些智能会因为不断受先天或后天的影响而启发或关闭，因而九项智能的发展是不均衡的，智能的组合也是不同的。学生的差异，很大程度上来自于大脑智能发展的不均衡，以及智能组合的不同。这种差异导致每个学生的兴趣爱好、学习方式都会不同。也就是说，每个学生都有适合自己的学习方式和学习类型，它就像一个人的签名那样有个性，就像一个人的指纹那样独一无二，这是由学生的生理（脑的结构）所决定的。这就是因材施教的原因之所在，也是理解智能、尊重差异、因材施教的认识起点。

有了因材施教的情感基础和认识起点，就要进行因材施教的准备工作——"识材"——也就是要认识学生的智能组合和独特的学习方式。要做"识材"的伯乐，发现学生独特的学习方式，首先要改变传统的教师讲学生听，教师行学生跟的教学模式，给学生创造选择的机会和条件，让学生有选择学习内容的自由，选择学习方式、表达方式的自由，当学生运用自己喜欢的方式去学习、去感受、去表达时，他的智能组合及学习方式就能得到相应的展现。教师也就能因此而识材，确定最有利于学生学习的教学方法与策略，最大程度地实施个别化教学，因材施教了。

（一）创设学生主动参与的学习情景，在课堂教学中识材育才

传统的课堂教学中，单一的教学方法常常只能满足部分学生的需要，让一部分学生受益。如语文教学，教师通常运用语言智能（如读书、分析讲解等方式）引导学生学习，学生也常常运用语言智能（如读书、回答问题等方式）学语文，这种主要作用于耳朵的语言学习，只适合一部分善于用耳、用语言智能学习的学生。而一些喜欢用视觉智能（眼睛看）、肢体运作智能（动手操作、实验、表演等）等参与学习的学生，则因为学习方式没有得到满足而被摈弃在外。现代的课堂应当关注学生智能的差异，关注学生不同学习方式的需要，设计开放的教学内容与方法，让学生主动地、富有个性地学习。如选择一篇课文的重点部分，让学生在读的基础上，选择自己喜欢的方式去表现它，或表达自己的感受、理解。这时一些学生可能会选择朗诵、默写或改编成诗歌的方式（语言智能），一些学生可能会选择绘画（视觉空间智能）或作词作曲演唱（音乐智能）的方式，还有些则可能选择与别人合作表演的方式（人际交往）进行学习。

在这个开放的学习过程中，教师可以看到，不同的学生会选择不同

的学习方式，不同的学习方式则呈现了学生不同的智能组合和智能强项。这样，教师就能初步识别每一个学生或每一类学生的学习方式了。教师可以根据学生的学习表现，逐步建立学生学习方式档案袋。根据学生学习方式的特点，在今后的教学中经常有意识创设这样开放的学习活动，以满足不同智能组合和学习方式学生的不同需要。这样，孩子们的学习兴趣必然会大增，他们会更加主动地投入到学习中，这样在大班额授课的情况下，也能逐步做到因材施教了。

（二）布置自由作业或主题作业，在多样化的学生作业中识才育才

在创设多元、开放的课堂教学的同时，结合教学内容，适当布置一些开放性的自由作业，也可以帮助教师识别学生的学习类型与学习方式。如学习完一篇课文以后，鼓励学生选择自己喜欢的方式，表达对课文的理解与收获。有的学生可能会摘抄课文中的好词佳句，或写一段感想；有的则可能会给课文配一幅或几幅画，做一个小手工作品，或将课文改写成一首诗、改编成一首歌曲……教师在多种多样的作业表达方式中，不仅可以识别学生的学习方式，还可在作业评讲中，对不同学习类型的学生所选择的不同的表达方式进行充分肯定，相机加以引导指点，这样就能激发学生的个性化学习、创造性学习的热情，使学生更加主动积极地、创造性地完成作业。

此外，每学期适当布置一些专题作业（依据学生感兴趣的主题而设计），从学生经历的过程与作品中，也可以管窥出学生认知智能上的强项、弱项及其发展倾向，分析出学生的智力类型、判断事物的能力、想象能力与创新精神等等。学生的专题作业的成果可以以专题报告（实验报告、调查报告）的形式出现，也可以是文学作品、绘画作品、小制作或小工艺品等等。

（三）创设主题活动，在开放的大课堂中识材用才

在多元智能理论的指导下，在教学过程中实施个别化教学，因材施

教，是识材育才的重要途径。此外，学校还可以利用传统节日，创设多元智能主题活动，让运动会、六一儿童节等原来单纯展示学生运动智能或艺术智能的活动，成为面向全体学生，全面开启、展示学生多元智能的多元智能体育节或多元智能艺术科技节等主题活动，也可以达到识材育才、因材施教的目的。如多元智能体育节，只要策划科学，它不仅可以成为喜爱体育运动的孩子展示运动技能、技巧、力量、意志的节日，也可以成为喜爱艺术、文学、数学等孩子的节日。喜爱绘画的孩子可以设计会徽，创作可爱的吉祥物，绘出美丽的招贴画，制作独具特色的队旗；喜爱音乐的孩子可以为体育节写词谱曲；喜欢语言创作的孩子，可以为体育节编写口号，采写新闻报道，写诗作文。数学逻辑智能强的孩子则可以在活动过程中采集数学信息，编写数学应用题、制作统计图表或撰写数学小论文……所有的孩子们都可以投身到以体育节为载体的音乐、舞蹈、绘画、语言创作等活动中。在这一过程中，老师不仅可以认识学生的多样化的学习方式，也借着开放的大课堂培养、开启和展示了学生的多元智能。

……

哈佛大学 350 周年校庆时，有人问校长：学校最引以为豪的是什么？校长说，哈佛最引以为豪的，不是培养了 6 位总统，36 位诺贝尔获奖者。最重要的是给予了每一个学生以充分的选择机会和发展空间，让每一颗金子都闪闪发光。"因材施教"就是认识和理解——认识和理解学生的智能组合和独特的学习方式；就是尊重——尊重学生的个体差异；就是选择——给学生充分的选择学习方式方法的自由。当我们正确承认学生间的差异，因材施教就已开始；当我们真正认识、理解、实践多元智能理论时，"因材施教"就已经真正进行了。当我们因材施教时，也许更多的金子会闪烁出夺目的光彩。

多元智能理论在开课中的运用

严立先

在加德纳理论中,人的智能是多元的;而且这种多元是开放的,不是封闭的,人们将不断地对人的智能种类进行开掘,某种能力只要得到实践的和生理解剖的足够证据的支持,就可以进入多元智能的框架之中。

上学期我将多元智能理论融入教学中,将教学改进点放在:多元的开课形式,让师生尽快融入教学活动中。俗话说:"一个好的开端等于成功的一半。"一出好戏要演好序幕,一部好乐章要奏好序曲,一堂课要有好的开头。一堂课的成功与否与这堂课的开始是否对学生有吸引力有着密切的联系。而这节课能否紧紧地抓住学生的注意力,能否激发起学生的学习兴趣和探究欲望,能否真正把学生卷入到探究活动中去,无疑首先要取决于老师的教学引入是否得法。开头开得好,就能先声夺人,造成学生渴望追求新知的心理状态,激起他们的学习兴趣,吸引其注意力,就如平静的湖面上投石,激起一片思维涟漪,产生急欲一听的感染力。这对调动学生思维的积极性,激发学生思维的创造力是十分重要的。

我在开课中运用了多元智能理论,从以下的七种方法开课:

第一,直接引入法。

一进入课堂就告诉学生要学习的内容是什么,直接引入法简单容易,它主要用于本节课知识与其他知识联系不紧密,新旧知识联系不大,开门见山,很快调动学生的视觉空间智能。小学生的视觉空间智能最发达,这种方法可使学生首先明确学习内容的范围、重点和难点,一般用于新课内容较多、较复杂、前后知识联系较少的内容的教学。

例如在四年级第一课《计算机的发展及种类》，上课后直接进入主题，告诉孩子今天我们就来学习计算机的发展史和计算机的分类，学生明确了知识点，哪些是重点必须掌握一目了然。

第二，设疑引入法。

"学起于思，思源于疑"，没有疑问就没有思维。即针对所要讲述的内容，结合学生的生活和学习实际，提出一个或几个问题，让学生带着问题，自主地去思考学习，去查资料，去操作，通过对问题的分析，解答或造成的悬念来引入新课。这样利用学生的数学逻辑智能，很快地调动大脑进入思考状态，复习提问不仅可以使知识巩固，也可使学生对新知识的理解掌握有较大的帮助。问题引入法用比较积极的形式提出了与所要学习课题有关的问题，点出了学习的重点，明确了学习的目标，而且往往可以通过问题的提出造成悬念，从而使学生的思维指向更为集中，积极地期待着问题的解决。

第三，复习引入法。

即通过复习的知识，引入新课的学习内容。它不但便于学生理解到新内容是旧知识的深入和提高，而且便于学生系统地把握知识的结构。由于信息技术课时紧张，难以有较长的持续时间，而且内容繁多，学生的信息技术水平不一。学习风格和思维发展存在差异，教师及时地对某些重要的知识点进行复习，通过归纳、概括，可以起到复习旧知、巩固新知的作用，这样使学生的数学逻辑智能进一步得到发展。

第四，对比（类比）引入法。

在讲授新知识时，结合学生心目中比较熟悉的事物，进行适当的类比，可以加强知识之间的联系，不仅复习巩固了已学的知识，而且更有利于对新知识的学习掌握，事半功倍。

第五，演示引入法。

演示引入法最大的特点是直观形象，生动活泼，且富有启发性和趣味性，便于唤起学生的视觉空间智能，使他们仔细地观察，认真地思考。信息技术教学中，有很多知识是需要上机操作进行学习的。信息技术课就是要求教师悉心辅导，学生反复练习，体会通过某个操作所得的结果，寻找操作的技能技巧，最终达到能综合运用的目的。利用教学资料库中现成的录像资料或者电脑学习多媒体光盘，也可以利用屏幕录像软件自己录制视频片段，或者采用直接操作演示的方法，可以起到很好的教学效果，特别是对于一些操作难度大、容易出现问题的操作。不仅可以减少操作的盲目性，规范操作，节省教学时间，而且可以起到举一反三、触类旁通的作用。

第六，情景引入法。

通过创设具有创造性的教学情景，即建立以多种教学方法和教学手段相结合的教学情景，激发学生的学习兴趣，引导学生自觉、主动地学习，通过积极思维，亲自探索和主动研究获得知识，进而培养学生的创新精神和创造性思维的能力。这样不仅培养了学生的人际交往等智能，更在于调动学生自主参与的积极性，让学生由此产生一种发自内心的求知动力。情景创设的作用在对话教学中尤为突出，为学生提供一个环境如直观情景、悬念情景、比赛情景、问题情景、任务情景等等，让他们进入角色，将知识运用到实践，教师必须针对学生的特点，采用各种行之有效的教学方式，寓教于乐，创设各种情景，来激发学生的学习兴趣，充分调动学生的学习积极性，诱导学生的多种感官参与，适合各种智能组合的孩子，为教与学插上愉快的翅膀。

第七，作品展示引入法。

课堂引入时可以展示历届全国中小学生电脑作品活动中获奖的作品，也可以展示教师、校内外同学制作的动画、网页、程序设计等电脑作品，引导学生学习，不仅可以开阔视野，提高学生的学习兴趣，而且可以激发学生学习积极性，增强学生审美、创新能力，培养学生的批判性思维和创造性思维。

多元智能理论不光可以用在开课上，还可以运用到艺术、运动、音乐等活动中，使学习变得兴趣盎然。根据学生的需要、兴趣和潜能提供适当的学习方式，多元智能课堂就像"真实"的世界，学生学习更主动、更投入。学生能够展示和分享自己的长处。通过合作学习促进学生的优势互补，使每个人都有机会展示自己的长处，每个人都有希望成为某一方面的"专家"。这样，反过来会增加学生的自信和自尊。建立在多元智能基础上的教育，意味着教学与评价要根据学生的智能优势和弱势而定。教师围绕问题组织教学，允许学生以多种方式进行理解，并且重视每个学生的独特性。教师的专业角色从传统的知识传播者，转变成为协助者、资源提供者、学习促进者、激励者和联系人。采取多元化的教学方法，要发展他们的优势智能，激发他们的弱势智能，帮助他们把优势智能的特点迁移到其他学习领域中。强调智能公平的评价。每种智能需要在它运作中加以直接评估；教学与评估是结合在一起的，要重视在教学情境中直接评估学生参与学习活动时的种种表现。

多元智力理论所倡导的尊重个体差异、尊重每一个体发展的思想，与这次新课程改革的方向是一致的，为我们挑战传统、形成新的有时代特色的课程设计思路提供了有意义的借鉴，它启发我们的教师"为多元智力而教"、"通过多元智能来教"。前者在某种意义上可以被看作是我们对教育目的的新思考，后者则可看作是我们在教育方法上的新追求。"为多元智能而教"要求我们在进行学校课程设计时，摈弃原来只围绕语文和数理化而设计的惯有思路，而充分认识到不同学生的不同智力特点，对学生的多种智力一视同仁，强调使每一个学生的智力强项得到充分发展，并从每一个学生的智力强项出发，促进学生其他各种智力的发展。"通过多元智力而教"要求我们的课程在努力使不同智力都得到发展的同时，通过调动不同智力活动在教育教学工作中的不同作用，使用多样化的教学手段，极大地提高课堂教学的实际效果。理解多元智力理论，理解这一理论指导下形成的"学生观"、"教育观"和"评价观"。

用"多元智能理论"看新课程下学生评价的基础

周琳辉

新课程标准在学生评价方法与技术等方面进行的大胆探索和尝试,成为新课改的一个显著特征。新课标的学生评价强调:评价的作用是促进学生的发展,促进学生潜能、个性、创造性的发挥,使每一位学生具有自信心和持续发展的能力。在多元智能理论指导下,当我们用多元智能的目光来看新课标的学生评价时,我们发现多元智能理论倡导的评价思想与新课程中学生评价改革的方向是一致的,并且,多元智能理论为"建立促进学生全面发展的评价体系"提供了有力的理论依据与支持。

在多元智能理论与新课标的指导下,我们认为对学生的评价应该建立在积极乐观的"学生观"和因材施教的"教学观"基础上,在教学实践活动中形成灵活多样的"评价观"。

多元智能理论认为每个人都同时拥有九种(或九种以上)智能,只是这九种智能在每个人身上的组合方式、组合程度不同,使得每个人的智能都各具特色。比如说:某些学生能够创作优美的视觉艺术作品;某些学生能够表现出体育运动的天赋;又有某些学生热衷于写作;某些学生对数学难题的挑战兴奋不已;某些学生对自然界具有独特的感悟;某些学生擅长演奏动人心弦的乐曲;还有一些学生具有领导才能,能够给予同学们以积极而值得信赖的引导……因此,世界上并不存在谁聪明谁不聪明的问题,而是存在在哪一方面聪明及怎样聪明的问题。对教师而言,学校没有所谓的"差生",每个学生都是独特的,也是出色的。

当这样积极乐观的"学生观"一旦形成,就使得我们每一位教师都不但关注学生的学业成绩，同时关注学生的全面发展，乐于对每一位学生抱以积极、热切的期望，并乐于从多个角度来评价、观察和接纳学生，重新寻找和发现学生身上的闪光点，并拓展学生的潜能。这也正是新课程学生评价所倡导的改革方向，"关注学生个体间发展的差异性和个体发展的不均衡性，建立促进学生全面发展的评价体系。"

加德纳的多元智能理论提出的这九种（或九种以上）智能是以不同的组合方式存在的。智能组合的不同，导致学生的兴趣爱好和学习方式不同。

如果每一位教师都能够运用多种方式呈现学习信息，为具有不同学习方式的学生提供多种选择，就会增加学生们体会成功的机会，大大减少学习的挫折和学业的失败。因此，在新课程的课堂上，教师应变得更为主动、自觉地为每一位学生设计"因材施教"的方法，以适合不同智能组合学生的学习的特点，促进其优势智能的展示与发展。

例如：《鸟的天堂》一课，老师在上课前创造了一个独特的板书，即用彩色粉笔将整个黑板变成一幅美丽的画卷：一株高大茂盛的大榕树，奇特的根，繁茂的枝，在阳光下熠熠发光的树叶；一池碧波……孩子们一进入教室，就受到强烈的视觉冲击。在课堂上，学生们低头看到的是描写大榕树的文字，抬头看到的则是生机勃勃的大榕树，整个身心都沉浸在了课文内容所描绘的情景之中。于是孩子们的视觉空间智能和语言智能都得到了开掘，同时，也使得善于采用语言和视觉空间智能学习的孩子得到了极大的满足。

由此可见，多元智能理论指导下的"因材施教"的教学观也深刻地体现了新课程学生评价的思想，了解学生发展中的需要，帮助学生认识自我、建立自信，促进学生潜能、个性、创造性的发挥，使学生在原有水平上得到发展。

"多一把衡量的尺子，就多一批好学生。"新课程的学生评价不再仅仅关注学生的学业成绩，而且要发现、发展学生多方面的潜能，使每一位学生具有自信心和持续发展的能力。作为教师，我们不仅要用发展的眼光看待每一位学生，树立灵活多样的评价观，还要探索复合、多样、立体的教法与学法，以满足不同智能类型孩子的需要，从而真正促进学生全面发展。

运用多元智能理论促学生形成多元学习策略

刘文可

美国学者霍华德·加德纳认为人类有九种或九种以上不同智能，这些智能彼此独立而又相互关联，这是上帝馈赠给人类的不同礼物，正因为它们的复杂组合和相互补充才构成了人类生命的丰富多彩。我们应该充分尊重每一种智能，按照每个学生所具有的不同智能结构提供发展、成长的条件和机会，帮助他们形成良好的学习习惯和多元的、有个性的学习策略。

小学阶段是儿童可塑造性最强的时期，这一时期的孩子具有好奇、好活动、好表现、善模仿等特点。他们喜欢新鲜事物，对陌生语言的好奇心激起他们对外语的兴趣。他们喜欢引起别人的注意，重视老师的表扬，不怕犯错误，很少有羞怯感。他们的身体各部分器官尚在发育，还未定型，发音器官较成人的灵活，因此模仿语音语调远比成年人容易。他们形象思维能力强，但缺乏理性思维，逻辑思维能力不强。他们爱玩、爱唱、爱游戏、爱活动、坐不住，这一切都是小学生的生理、心理特点。同时，这一年龄段的儿童学习英语又具有许多中学生甚至成年人所不具备的优越性，如模仿力、记忆力、可塑性强等。他们的特点决定了小学阶段是儿童学习外语语音和语感的最佳时期。但是由于传统的教育观念一味地重视教师的教，而忽视了对学习的主体——学生的各种智能的开发和学习习惯和策略的有序、良好的培养，从而导致了学生的自

▽ 一般性研读 △

主意识薄弱，缺乏对英语的持久学习兴趣。因此，在课堂教学过程中，突出以学生为主体，以培养创造个性为核心，促进创造性思维发展，达到会自学、自评和自控，形成有效的多元学习策略成为了当前小学英语教学中一个不容忽视的问题。

（一）用热情点燃孩子们学习的导火线，培养情感策略。

前苏联教育家苏霍姆林斯基把教师热爱学生作为"教育的奥秘"，他的座右铭是"把整个心灵献给孩子"。可见，师爱在教育中的重要作用。孩子成功时，老师给他一个赞许的目光；失败时，一个鼓励的眼神；有难题时及时指导；有困惑时悉心开导……教师在举手投足间洋溢着对学生的爱。这种爱能拉近教师与学生之间的距离，消除彼此之间的隔膜，正所谓"亲其师，信其道"，师爱使学生亲近教师，产生信任，对教师的教育乐于接受。同时，它能增强学生的自信，调动学生的自主意识，使他们加倍去努力，充分调动自己的情感策略促进教学氛围的提升和学习效果的优化。记得去年十月的一天，我将一名平时上课调皮捣蛋的学生请进办公室，非常严厉地训斥了他一顿。突然，我发现他的眼中闪过一丝憎恶的表情，我话锋一转，问道："你认为老师爱你吗？""不爱。"他斩钉截铁地回答到，我为他的诚实感到震惊，同时也对他所受到的伤害感到非常内疚。我们谈了很久，慢慢的，他转变了最初的想法，此后这个学生在英语学习方面从态度到效果也发生了很大的变化。这个事例说明老师成功地调动和培养学生的情感策略，使他从对学习英语充满抵触情绪转变为自信、愉快地自主学习，并与老师形成了良好的沟通渠道。

（二）从遵循注意规律、培养跨文化意识和创新思维三方面培养学生认知策略。

认知策略是指学生为了完成具体的学习任务而采取的步骤和方法。在认知策略形成的过程中，有一个很重要的指标就是要求学生在课堂上能集中注意力，进而积极地思考。注意是指在一定时间内个人心理活动有选择地指向并集中于一定对象的心理现象。根据小学生年龄特点和用脑卫生的要求，课堂节奏必须有张有弛。小学生不可能整堂课保持紧张兴奋状态，在课堂中恰到好处地穿插有关音乐、美术或肢体运动的活动，既能调动学生的多元智能，又能让学生在活动中集中注意，在轻松愉快的氛围中学习英语。以《先锋英语》2A UNIT5 中"let's chant"一课为例，学生在基本掌握了歌谣以后，对语音、语调、语速和语感的把握还有差距。这时，如一味单调地练说，必定会失去大部分学生的注意力。于是，老师在课堂上呈现了木鱼、三角棒、快板等打击乐器，请学生练习该歌谣适合的节奏。孩子们兴趣大增，语速、语感等难点在欢快的节奏中迎刃而解。只要能在课堂教学中科学地运用注意规律，巧妙设计能吸引学生注意力的各类活动，就能很好地培养学生的认知策略，取得好的效果。

　　培养学生的跨文化意识也是帮助学生形成认知策略的一个重要组成部分。文化与语言密切相关，不同的民族具有不同的语言和文化，语言则是一系列符号，当作用于文化时，就是文化信息的载体。学习一门外语，就相当于学习英语国家的文化、风土人情、传统习俗、生活方式以及行为规范等。教师应针对写实的年龄特点和认知规律，结合教材将语言与文化同步传授给学生。这样既能激发学生的学习兴趣，又能培养他们的认知策略。每当西方的传统盛大节日——圣诞节来临时，针对小学高段学生的特点，老师可以让学生们通过电视、商场海报、因特网等各种传媒方式搜集有关圣诞节的所有资料，并让全班学唱几首欢快的圣诞歌曲或做手工艺品以示庆贺；而低段学生以倾听故事和参加圣诞节PARTY为主，学生们在积极参与的过程中积累着知识，丰富了文化意识，同时也掌握了查找资料、自主学习的方法，发展了认知策略。

　　培养学生思维能力是培养学生认知策略中的高层次要求。传统的英语教学，学生在反复操练、机械化跟读的过程中将学习的智慧火花消磨殆尽，孩子们没有体味到学习的快乐，更不用说有效的策略。他们鹦鹉学舌般的重复消耗了时间、精力和思考的空间。苏霍姆林斯基说过："如果你只指望靠表面看得见的刺激来激发学生对学习、对课程的兴趣，那就永远培养不出学生对脑力劳动的真正热爱。"而意大利著名导演罗杰特-马西里尼也说过一句精辟的话："再没有比思考更快乐的事情了。"在学习了多元智能理论后，我们意识到每个人的思维方式是不同的，我们可以调动多种智能参与思维的过程，验证思维的正确与否以及强化思维的结果。例如：在教授歌谣的一句话 Jump in the jeep 时，用计算机辅助软件一步步呈现设计的情景，引导学生积极思考，当学生看到剧中人物想象的图像时，都十分认真地动起脑筋，着手解决问题，与此同时，他们用语言或肢体将思维的过程和结果表达了出来，虽然并非每一个学生都能准确无误地思考到正确答案，但他们都对思考产生了兴趣，感受到了思考过程中的快乐。而培养创新思维意识和能力又是培养思维能力中的高层面要求。创新是一个民族进步的灵魂，更是素质教育的核心，而创新的力量来源于深层思维能力的培养。在教学过程中常常要求学生换个角度、换种方法，渐渐摩擦出孩子创造的火花。他们喜欢把对话编上曲调唱出来，也爱将儿歌换词、换节奏说出来。学生在快乐的氛围中更好地吸取着知识的养分。

（三）与学生和家长沟通，培养调控策略。

调控策略是指学生对学习进行计划、实施、反思、评价和调整的策略。首先，教师自身应对整个知识体系有一个完整、有序的概念，在明确年段计划时可与学生和家长一起分析、了解，然后可建议学生从自身情况出发设定目标，拟定学习实施计划和自我评价标准，并建议家长参与对孩子的评价，取得家长的配合和支持。在此，我主要谈谈对学习进行评价的策略培养。据有关部门调查结果表明，八、九岁的学生有完全的能力进行自我评价，而调控策略的培养与形成性评价有着十分紧密的关系。形成性评价给我们呈现出一幅学生学习的动态立体画面，对于肢体运动智能强的学生，可通过在语言素材中表现出的体态美、节奏感增强学习信心；空间智能较发达的学生可从画图、填词等兴趣活动中找到有效的学习方法；音乐智能强的学生在语言发展的同时又展现了自己的特长。总之，每一个学生都可以根据自己的特长智能找到学习语言的切入点，从而进行自我评价。

任务型学习的目的性和小组合作学习的方式也是调控策略中两个非常重要的方面。学习者在任务型教学的过程中始终出于一种积极的、主动的学习心态，他们是解决问题的主角，完成任务的过程就是学习的过程，任务的结果就是评价自己的依据。小组合作学习为学生创设了一个能在课堂上积极交往的机会，使学生能在和谐的气氛中共同探索、相互促进，在培养调控策略方面起到极大的作用。

多元学习策略还包括交际策略、资源策略、记忆策略等。交际策略是指为了争取更多的交际机会，维持交际以及提高效果而采取的各种策略；资源策略是指学生合理并有效地利用多媒体进行学习和运用英语的策略；而记忆策略是指学生为了将信息有效地储存在大脑中采取的各种方法。

我曾经看到这样一段话：教育不仅仅是捧出一张张录取通知书，而是捧出一个个有鲜明个性的活生生的人；教育不仅仅是追求百分之多少的升学率，而是追求每个学生的生动、活泼、主动的发展；教育不仅仅是汇报时的总结，评比时的数据，而是教师与学生共同的生命历程，共创的人生体验。人类拥有的九种或九种以上的不同的智能，是上帝馈赠给人类的不同礼物，正因为它们的复杂组合和相互补充才构成了人类生命的丰富多彩。我们应该充分尊重每一种智能，按照每个学生所具有的不同智能结构提供发展、成长的条件和机会，帮助他们形成良好的学习习惯和多元的、有个性的学习策略。

运用多元智能理论，解读"面向全体的新涵义"

向志彬

一百多年前，心理学家阿尔弗莱德·比奈提出智商概念，认为人类的智力主要包括两种：语言智能和数学/逻辑智能（IQ）。这一认识引领人们去理解和评估人的未来发展，同时长期以来也深深影响了教育和培养人的实践。

近年来，哈佛大学霍华德·加德纳教授《智能的结构》和《多元智能》等研究著作，为我们拓展了关于智能的视野。它让我们认识到，人的智能绝不仅仅是 IQ 或 EQ 所能涵盖的内容。人的大脑就如一个沉睡的巨人，只要我们努力去唤醒它，发掘它，大脑就能放出八种（或八种以上）智慧光芒，即：

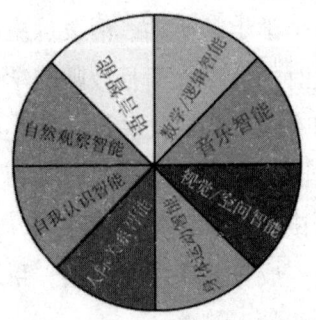

也就是说，我们每个人都具有以上八种（或八种以上）智慧潜能，这种多元化的智慧潜能，即为多元智慧或多元智能。

素质教育积极倡导教育要面向全体，促进学生主动、生动、全面、和谐发展。在多元智能理论指导下，当我们用多元智能的目光再次解读"面向全体"这一古老而又崭新的教学原则时，我们惊讶地发现以往的认识是有误区的。我们以为"面向全体"就是教师对全体学生一视同仁：不偏心，不厚此薄彼，用同样的教法，讲同样的内容，提同样的问题，布置同样的作业。多元智能理论告诉我们：

每个人所拥有的八项智能会出现不同的组合。智能组合不同，会导致学生的兴趣爱好和学习方式不同。美国学者将学生的学习方式划分为：

学习方式多样化
- 听觉学习　　　　　30%
- 听说读复合学习　　40%
- 触觉学习　　　　　15%
- 运动学习　　　　　15%

那么，当我们在面对不同学习方式、不同学习类型的一群学生时，采用同样的教法、教授相同的内容显然是不公平的。例如：老师带着一只粉笔、一本书走进课堂讲解知识时，也会有一部分孩子会学得很好，这部分孩子可能就是善于用听觉学习的孩子。然而对于用视觉/空间智能、肢体运作智能、人际交往智能、音乐智能、复合智能等方式学习的孩子来说，则是非常痛苦的，他们的学习效率往往也是低下的。所以，从反对"满堂灌"、"满堂问"，到提倡活动教学、主体教学、情景教学、成功教学，正是为了创设生动的学习场景，让孩子们自主参与各种学习活动，以尊重和满足各种学习类型孩子的学习需要；从提倡三机一幕进课堂，到积极倡导运用多媒体辅助教学，正是为了运用电教多媒体的声、光、色、动感等，从多个角度激活学生的视觉/空间智能、音乐智能、肢体运作智能等参与学习，以期取得良好的学习效果。

因此，当我们用多元智能理论解读"面向全体"时，我们对面向全体又有了新的认识："面向全体"应该是而且必须是教师针对不同智能结构、不同学习方式、不同学习类型的孩子，设计不同的教与学的方法，让各种学习类型的孩子都能得到学习的满足和成功的喜悦。也就是说，我们的每一堂课，都应当面向各种学习类型的孩子。

面向视觉学习的孩子

教师采用色彩鲜艳的板书、板画、实物、图片、多媒体生动的画面、丰富的表情、恰当的体态语言等来激活学生的视觉细胞，以及与大脑相对应的视觉/空间智能来参与学习，这是面向视觉学习的孩子常用的手段和方法。例如：一位实验课题的老师在教学《荷花》一课前，创造了一个独特的板书，即用彩色粉笔将整个黑板变成一幅美丽的画卷：挨挨挤挤的荷叶，一朵朵盛开的或含苞待放的白荷花。孩子们一进入教室，就受到强烈的视觉冲击。随着对课文的深入学习，当老师再次用色彩鲜艳、动感的录像展现那千姿百态的荷塘美景时，孩子们的视觉智能再次被激活，整个语言学习的过程始终有美丽的画面伴随，孩子们的视觉空间智能和语言智能都得到了开掘，同时，也使善于采用语言和视觉空间智能学习的孩子得到了极大的满足。

面向听觉学习的孩子

教师采用范读、配乐朗诵、表演读、快板、讲故事、抑扬顿挫的音调变化、播放音乐或组织学生进行多种形式的听、说、读等来激活学生的听觉细胞，以及与大脑相对应的语言智能、音乐智能等，是面向听觉学习孩子的基本方式方法。如《荷花》一课的导入，悠扬的"荷花颂"旋律便在教室里荡漾开来，随着音乐婉转起伏的，是教师的娓娓道白，和黑板上美丽的荷花画卷。孩子们一下子便被带到了如诗如画的荷塘边。当孩子们运用视觉、听觉、思维一同感受了语言文字复合的立体的美以后，在课文的结尾处，老师再次让优美的"荷花颂"响起，让孩子们起立，闭上眼睛，在乐声中随"风"起舞，去感受自己仿佛已幻化成了那微风吹来翩翩起舞的白荷花，"风"过后，孩子们争先恐后地表达了他们看到的小动物，听到的悄悄话。音乐智能、肢体运动智能的苏醒及参与，让孩子们产生了如临其境的感受，品味了课文隽永的意境。

面向视听等复合学习的孩子

采用实物、图片、音像资料等视觉刺激,以及播放音乐、各种形式的说、读等方式,以激活孩子的视觉空间、语言、音乐等智能共同参与学习,是面向视听等复合学习孩子的基本方式。如一位老师在上《鸟的天堂》一课时,用彩色粉笔将整个黑板变成了一株枝繁叶茂的大榕树,又用录像将大榕树的根、枝干、叶子依次播出,再配上轻音乐,使文字也有了声音、色彩。优美的音乐与画面,激活了孩子们的音乐、视觉空间智能,使他们从多个角度理解了文字的内涵、意境,发展了学生的语言智能。与此同时,也满足了用音乐、视觉空间等智能方式学习的孩子的需要。

面向触觉、肢体运动学习的孩子

勾勾、写写、画画、触摸、观察、实验、动作表现等教与学的方式,是面向触觉、肢体运作方式学习的孩子的基本方式。例如在《放风筝》一课中,老师让孩子们分小组表演"我"和哥哥是怎样放风筝的,使孩子们很快弄清了放风筝的步骤,理解了什么叫"拽着",什么叫"收住脚",不仅使运用肢体运作方式学习的孩子得到了满足,也使所有孩子肢体运动智能得到了很好的开发,而且还使孩子的学习兴趣普遍高涨,使呆板的课堂变为快乐学习的天堂。

由此可见,多元智能眼光中的"面向全体",也就是学生智能组合多样性所导致的学习类型和学习方式的多样性,与教师教学方法多样性的和谐统一。作为教师,我们不仅要承认每个学生都有适合自己的学习类型,更要针对各个学习类型的学生,寻求复合、多变、立体的教法,以满足不同学习类型孩子的真正需要,只有这样,才是真正意义上的了解学生、尊重学生、因材施教,也才是真正意义上的面向全体。

让我们在开放中学习

郑春林

多元智能理论强调个体之间不可能拥有完全相同的智能,每个人都有他的优势智能和劣势智能。也就是说,我们必须承认差异,只有这差异被考虑的时候,我们的教育才是真正有效的教育。

在教育教学过程中,我们常常会提到这样一句话:"以学生为中心"。这是一句闪烁着人本主义关怀的话语,从某种意义来说就是要承认学生的差异,要因材施教,要针对学生个别差异进行教育教学。可是由于某种原因,我们在教学中过重地强调三大能力和双基,导致了我们的教学走入了烦、难、多、练的局面。为了避免学生的个性差异被压抑,个体差异被忽视,我们应该为他们创造五彩缤纷的舞台,让他们在更为广阔的空间中开放地学习。

(一)在开放中求知

孩子生来就提问题,对周围的世界有无数个"为什么"。当他们来到学校对周围社会和知识充满了好奇,他们爱问、爱钻、爱学。正是这样,我们就应该为他们提供更为开放的学习环境,在没有压抑中自由快乐的学习,让他们的优势智能得到更好的发展。

(二)在开放中参与

学生的发展的关键是要在教与学的活动中给每个学生提供参与的机会,让他们在参与中学习和发展。开放的教学本应该面向全体学生,根据学生的智能组合设计方案,创设适当的学习情景,以保证每个学生都有参与到教学活动中去的机会。如：在教学"百分数"时，要求学生根据每个房间所占的百分比设计居家环境，看谁设计的美观、实用、有创意等。面对这类问题的学生都比较感兴趣，每个学生根据自己的想法去参与，去创造。在参与中展示自己的优势智能。

（三）在开放中交流

人与人之间需要互相交流，在交流中相互理解，在交流中丰富自我，在交流中体会合作，在交流中完善自己、发展人际智能与内省智能。在教学中，要结合教学内容，创造一个更开放的教学环境，给他们一个平等的生生交流，师生交流的机会。如：结合有关教学内容，组织学生调查、访问，通过与社会交流，了解我们知识的用途。要求学生平时多看书、多看报、多听新闻，注意搜集与我们平时学习有关资料。可根据我们实际活动编写应用题，以补充教学实例。在开放的教学活动中，使每个学生在交流中学会合作，学会学习，发展、展示自己的优势智能。

（四）在开放中成功

成功是一个人的基本需求，对于成长中的学生来讲，成功对他们树立自信心是非常重要的。开放的教学要建立教师、学生关系上的民主平等，教学策略的多元化，让更多的学生有成功的机会。如：我们可以设计条件开放的教学试题："甲、乙两车同时从两地相对开出，甲车每小时行 50 千米，乙车每小时行 75 千米，行了 5 小时，两地相距多少千米？"这道题中"行了 5 小时"是一个看似封闭实际是开放的条件，细心的学生看完题目就会问：这道题目没法做，题目没说行了 5 小时相遇。这时，可让学生补充条件再做，学生便会补充以下几个条件："行了 5 小时正好相遇"、"行了 5 小时还相距 100 千米"、"行了 5 小时两车相遇后又相距 80 千米"……每补充一个条件，学生都会解出相应的题目，使成功的喜悦经常伴随在学生的左右，使学生的智能得到充分展示。

(五) 在开放中创新

创新型人才首先要有创新意识,其次应具备创新情感,再次应具备创新思维,最后才有创新的行为。开放教学设计要求学生用自己喜爱的方法,并鼓励采用多种策略解决问题,这样的教学有利于学生发散性思维、求异思维的培养,有利于促进学生从模仿走向创新。在创新的过程中完善自己的智能,发展自我的优势智能。

开放的教学就是给学生创造一个民主平等发展的空间,在这里他们不断地求知、参与、成功与创新;在这里可以不断完善自我,不断发展自己的智能。

二、音乐智能

运用多元智能理论，让音乐教育焕发出多彩的光芒

何颖惠

在工作闲暇之余，我有幸拜读了《多元智能》这部著作，受益匪浅。这部著作专题介绍了国外教育学、心理学的最新研究成果。我边读边情不自禁地结合音乐教学进行反思，它让我对音乐教育有了全新的认识。

《多元智能》是一本心理学著作，是哈佛大学霍华德·加德纳教授的重要研究成果。霍华德·加德纳教授不仅是哈佛大学教育研究生院认知和教育学教授，还是波士顿大学医学院精神病学教授。他所提出的多元智能理论，是建立在现代脑科学、现代心理学基础上的理论。多元智能理论认为，人脑的思维和认识世界的方式是多元化的。人人都有九种（或九种以上）智能，包括：语言智能、数学智能、肢体运作智能、视觉空间智能、人际智能、内省智能、音乐智能、自然观测智能、存在智能。九种智能同等重要，它们既相互独立，又互相渗透、互相促进。它为我们认识和开掘学生的智慧潜能，提供了科学的理论依据。多元智能理论自1983年问世以来，在欧美教育界掀起了"教育革命"的浪潮。现在它已成为我国实施新课改的三大基础理论之一。

多元智能理论已论证音乐是人人具有的一种智能。也就是说，音乐并非是仅为少数人所拥有的阳春白雪，人人都可以学习音乐。但每个人的音乐智能常常表现不同的形式。如：有人喜欢唱歌，有人却喜欢摆弄乐器；有人喜欢作曲，但唱歌却平平；有人对音乐有很高的鉴赏力，却没有很好的表现力；有人喜欢用动作来演绎音乐，有人却喜欢用语言来

描述音乐。

如果我们的音乐课仅以唱歌为中心，那么，那些喜欢作曲的孩子、喜欢欣赏音乐的孩子、喜欢用动作来演绎音乐的孩子、喜欢用语言来描述音乐的孩子就会被划到"没有音乐细胞"和"没有音乐才能"之列，会被排斥在音乐殿堂之外。很显然，以唱歌为中心的音乐教学将制约学生接触音乐的丰富通道，必然会大大埋没孩子们在音乐方面的潜能。

由此可见，音乐教育不应当仅仅是唱歌的教育、音乐理论和音乐技法的教育，而应当是把唱、说、奏、舞、戏等作为通往音乐殿堂的通道，作为开发音乐潜能的有效途径。音乐不应当是单纯、独立、封闭的学科，而应是多元、立体、开放的学科。因此，音乐教师应以音乐为中心，针对学生学习音乐方式的不同，寻求复合的、多变的、立体的教法，建立一座辐射广泛的立交桥，将学生引领进一个立体、多元、形象的音乐世界。

当我把这些理论一点点内化为自己的思想，转化为自己的教学行为时，我发现，我的教学正悄悄地发生着令人欣喜的改变——喜欢音乐的孩子多起来了，他们表现音乐的方式也多起来了。孩子走近了音乐，音乐也走向了孩子。我是这样尝试的。

（一）音乐智能与语言智能相结合

母语，称为第一语言，音乐是第二语言，怎样将两种语言融合在一起？在学习口琴的过程中，为了克服口琴吹奏的困难，我鼓励学生充分运用语言智能，自编儿歌："左边低音右边高，左数九格 duo 吹好，duo、mi、sol 用劲吹，re、fa、la、xi 往里吸。"这样，通过语言智能的帮助，吹奏口琴的技巧也就掌握了。节奏是音乐的基础，而节奏主要来源之一是语言。运用语言辅助进行节奏训练，会让节奏训练饶有趣味，更容易掌握。如切分节奏：×××这条节奏较难掌握，学生运用语言智能，自编广告词练习：酸酸的、甜甜的，这样切分节奏也就迎刃而解了。低段儿童学习节奏更应该融入语言来训练，这样会更生动，更有趣味。如：叫名字游戏、反义词游戏、叠词游戏等。

可见，运用语言帮助进行节奏训练，可以巧妙地解决节奏教学的难点，促进学生音乐智能发展，同时也促进了语言智能的开发。

（二）音乐智能与视觉空间智能相结合

"音乐是流动的画面，绘画是无声的音乐。"音乐与美术同属艺术范畴。音乐是时间的艺术、听觉的艺术，绘画是空间的艺术、视觉的艺术，两者是相通的。根据多元智能理论，在音乐教学中可以利用美术的形象性、直观性来帮助学生理解音乐。例如，可以运用色彩帮助学生认识理解渐强、渐弱。从浅红慢慢到深红表示渐强，从深红慢慢到浅红表示减弱。又如，学生在欣赏热烈、奔放的音乐时，他们选择暖色来表达音乐的情绪，在欣赏舒缓、宁静的音乐时，他们会选择冷色来表达音乐的情绪，在欣赏低沉、压抑的音乐时，会选择暗淡的色彩来表示。通过这样一些途径，使孩子感受到音乐不仅有声音，还有色彩，不仅可以听，还可以看。视觉空间智能的参与，可以帮助孩子更形象地理解音乐，此时，我又多了一批喜爱音乐的孩子。

（三）音乐智能与肢体运作智能相结合

舞蹈与音乐通常是密切联系在一起的，就像一对孪生姐妹。但传统的音乐教育却常常让孩子们中规中矩，不喜欢孩子手舞足蹈。这对于儿童音乐教育是不恰当的。音乐是充满灵性，极富情感化的。当我看到孩子们在聆听音乐时情不自禁、小心翼翼在下面摆弄的小手、小脚，就像看到他们的每个细胞，每根神经都张开了，都沉浸在音乐中。我想，我应该解放孩子们的身体，让他们把小心翼翼的情不自禁变为大胆、自由的表现。让音乐智能和肢体运作智能充分融合，使身心达到和谐的发展。

我鼓励学生大胆用动作传递对音乐的感受。在欣赏《牧歌》时，孩子们用动作表示草原的辽阔，在欣赏《动物狂欢节》时，孩子们用动作表示各种可爱的小动物，传达内心的愉悦。学生还用动作来认识、记忆八个唱名；用动作记忆、掌握、运用节奏。如：用动作创编节奏、做节奏模特儿游戏等。除了应用肢体运作智能感受音乐，我还鼓励学生利用生活中的小物品（可乐瓶、小盒子）自己动手制作打击乐器。这样的音乐课不仅培养了学生的音乐智能，也培养了学生的肢体运作智能。

《多元智能》由一部心理学著作发展为一部教育学著作，它为我解答了教学工作中的疑惑——为什么孩子喜欢音乐，却不喜欢上音乐课？多元智能理论告诉我们：对于同一种事物，每个人都会运用不同的智能或智能组合，从不同的渠道、用不同的方法去认识它，理解它，表现它，就是说，在课堂上，每个孩子都有适合自己的学习方式。所以我们的音乐教学也应该是多渠道、多元化的，教师应寻求一种复合、多变的方法来满足学生不同学习方式的需要。多元智能理论帮助我建立了立体、多元的音乐教育观，我想，立体的、多元的小学音乐教育一定能让我们的学生具有更高的精神世界，更丰富的人文修养，成为一个热爱生活、脱离恶俗、富有情趣、高尚健康的现代人。

多元智能理论与音乐素质教育

张　琳

多元智能理论是美国心理学家霍华德·加登纳提出的一种关于智力及其性质和结构的新理论。他认为，每个人至少有九种智力：语言智力、数学逻辑智力、视觉空间智力、身体运动智力、音乐节奏智力、人际关系智力等。多元智能理论认为，每个正常的人都拥有这九种或九种以上的智力，但每个人的优势智力各不相同。素质教育要求面向全体学生，使每个学生的个性和多元智能都得到相应的发展。那么什么是音乐素质教育呢？怎样运用多元智能理论正确认识音乐素质教育，怎样在音乐教学中开发学生的多元智能呢？

音乐素质教育，是指国民教育中的学校音乐教育，也就是当前素质教育中的音乐教育：学校中的每个学生都是音乐教育对象，也就是说，任何一个学生，不管他的音乐智能是优势智能还是弱势智能，即使他天生缺乏音乐天赋，五音不全，他都有接受音乐教育的权利和义务。对此，日本山叶教学法中有过明确的阐述："这种教育的目标不只在培养特殊儿童，使他更进一步发展他的音乐本能，而是着重于教育所有的儿童，以期使他们也发展出音乐的天分。""虽然有些儿童在音乐上的能力会较其他儿童逊色，但这无损于这些儿童的人类价值。"

由于受先天遗传、家庭环境、后天教育等的影响，学生在音乐智能、音乐素养方面存在差异是正常的。我们不能责怪有些孩子"无音乐细胞"、"天生五音不全"；不能让孩子从小就在心灵上背上"先天与音乐无缘"的十字架；更不能对这些孩子表现出极不耐烦的情绪，或不闻不问、放任自流。多元智能理论告诉我们，学生的智能差异、音乐素养的差异是可以通过音乐教育、通过后天的培养改变或有所改变的。关键是我们的音乐教育工作者能否正确地理解和对待这种差异，能否寻找到有效的途径去改变它。有责任心和能正确理解这种差异的教师，会根据这一实际因材施教，理解尊重音乐智能处于弱势的孩子，并用多种多样的教学方式，激活学生其他智能参与音乐学习，以调动学生学习音乐的积极性。

怎样能面向全体、有效开启学生的多元智能，提高全体学生的音乐素质呢？

多元智能理论——合格＋特长是解决这一问题的最佳教育模式。

多元智能理论认为，教育者首先要发现学生的优势智力，然后采取多种措施去发挥它，强化它。多元智能理论指导的教育不应该有"差生"，某方面的"差生"（某一智能弱势的学生）可能恰恰是另一方面的优生（这种智能很突出）。在笔者的学生中也有跑调的孩子，但那只占2%左右，大多数学生都可在音乐教育中得到相应的发展。确实在声乐上"不可救药"者，还可以挖掘其其他方面的音乐智能。

在多元智能理论看来，学生的兴趣、爱好、思考方式、心理图式是各具个性的，这是因为学生的智力组合的方式是不同的。大脑的某个优势兴奋会对它周围的大脑皮层形成"光环"样的影响，使兴奋灶有"迁移"的可能。因此，多元智能理论认为，教育者要善于利用学生的优势智力，利用相邻学科，使其兴趣向别的智力方面开发迁移，反复强化而形成新的智力优势。智力间的优势组合虽然有一定的先天性，但更重要的是后天教育。过去的音乐人们称为"唱歌课"，而今音乐课丰富多彩，这为发展学生诸方面的智力优势打开了方便之门。声乐有缺陷的学生完全可以在器乐上、音乐欣赏等方面得到开发。由于这些学生有意志来弥补自己的不足，故在新的领域内也可能成绩斐然。一个声带有毛病的学生告诉我："本来很喜欢唱歌，可惜嗓子不好，但我在吹口琴时，仿佛就在唱歌。"这就是声乐与器乐的技能感受的"迁移"。可见音乐的多彩是造就和培养全体学生的方向，当然在注重教学内容的多维性的同时，还要有多样性的教学方法和教学媒体的多用性相配合。这对于优化学生音乐诸多方面的优势智力十分重要。

多元智能理论还为教师提供了一种积极的学生观——所有的学生都能成为合格生，每个学生都能成为某方面——哪怕是极小方面的特长生。有的学生手指修长匀称，合适搞键盘乐器和弦乐器，有的学生嘴皮薄，口型小，适合吹长笛小号……这都是先天的优势，这些优势加上教师的指点，可大大增强这些学生的信心。有时教师的一句鼓励话，会影响学生的学习选择，甚至使学生终生受益！当然，一个学生的潜能能否得到有效的开发，与个人的努力程度密切相关，与教育关系更大。这就需要教师"以学为本，因学行教"，在教学中注重激发学生兴趣，指导学习方法，引导思维，加强训练。

由于"合格+特长"素质教育模式能够充分地考虑学生个性和潜

力的发展，充分诱发学生主体性的作用，融入了多元智能理论的精髓，所以，它能在实际教学中取得较好成效，为多数教育工作者所认同。那么，在音乐素质教育中怎样的目标才算合格？怎样才算有特长呢？这就需要有关部门和有关专家学者共同探讨。我认为，这如同写好汉字，字写得规范、正确，就是合格；字写得既规范又有特殊个性，能引发他人的审美情趣便是特长。诸如唱歌出色者、乐器演奏较好者、音乐鉴赏能力强者，都可视为具有一定的特长……

音乐教育是素质教育中不可缺少的组成部分，它的作用其他学科无可替代。音乐素质的提高也将带动其诸如心理、身体、文化、思维等方面素质的提高。愿我们音乐教育工作者，在当前"应试教育"向"素质教育"转轨的大好形势下，以多元智能理论作指导，将国民音乐素质教育推向更广阔的天地。

音乐优势智能扬长课教学初探

李 娟

音乐是全世界通用的语言，它在音高、旋律、节奏的特定组织下，给人耳以音响刺激，以奇妙的方式震动我们的心灵，影响我们的情感世界，甚至引领我们跨越现实，进入一个梦幻世界。音乐能满足各个时代、不同环境下人类的心理需求，是我们最好的听觉盛宴。

（一）多元智能理念下的音乐教育观

由于从小学习乐器的关系，我很爱欣赏音乐，各种类型、风格的作品都能接受。有时通过它宣泄情绪，有时通过它感受自己的心灵。虽然我没有成为专业的鉴赏评论大师、作曲家或者出色的演奏家，但这不代

表一直伴随我的音乐没有意义，也不能说明我是个没有音乐智能的人，至少它让我的童年获得了很多的幸福感。

俗话说，懂音乐的人气质不俗，这所谓的气质便是对音乐的感受力。有时候，感受比表现更有价值，在生活中也更具有实际意义。在如此重视素质教育的今天，当发现音乐这一艺术形式与提高我们的生命质量息息相关时，家长们已不会说出"我的孩子即使是个乐盲，也没有关系"之类的言论了。但是，寻常百姓家的孩子要接近音乐只能通过专业化的声乐、器乐类的学习才能达到吗？只有随波逐流踏入兴趣班学习的大浪才能得到吗？让我们以更多元的眼光来看待学习方式吧！让我们以更具亲和力的体验方式走入音乐世界吧！

（二）优势智能扬长课的设计理念

小学阶段的孩子接触音乐时，不能刻意地去强调音乐表现形式的某些理性特征，如曲式分析等等，扩大其情感功能，是走进音乐的最具亲和力的途径。在现有的学校教育平台下有专门的音乐学科课程，而如何在普及教育的基础上，发现并培养学生的优势智能，我们开始实施这一理想化的教育模式——优势智能扬长课程。

我担任音乐扬长课程的设计与教学，在这个课程建立的初期，我便清醒地意识到，其课程价值绝不单单是能让孩子们得到更好的技巧的训练、提高专业能力。而应该是基于学生智能组合，本着扬长的目的，打造多元的学习课堂。课程内容以人文主题为线索，以音乐手段为载体，给学生提供表现和享受音乐的机会，并使他们在亲身参与的音乐活动中获得幸福感、满足感及愉悦的情感体验，让音乐充实着自己的学习生活，并在未来的日子，让音乐永远陪伴着自己的人生。

在组班初期，我对学生的学情进行了科学前测，对整个年级音乐表现较突出的学生进行了筛选和评估，制定了详细的音乐优势智能前测表，测评内容涵盖演唱、欣赏感知、兴趣、能力等方面，结合学生兴趣和意愿建成了音乐优势智能扬长班。和学生一起，设计了创新、实践、体验学习活动，力图通过赏、仿、创、演等一系列的音乐活动，让学生在实践中发现、肯定自己的才能，在浓厚的兴趣和自信快乐中，促进学生优势智能的发展。

（三）寻找多元智能教学之路

如何一步步实施理想中的扬长课程，我开始走进这群孩子中。他们大多分为两派："热情派"的孩子带着浓厚的兴趣来参与学习，非常积极地参与所有与表现有关的活动。可是，说到质量，有的孩子甚至不能运用正确的发声方法演唱。另一群为"实力派"，他们的基本音乐素养比较好，有漂亮的音色、良好的音准和节奏感，以及敏锐的感知能力，可是让他正经表演，质量却大打折扣。当他们在对比中发现自己的弱点时，有的孩子开始怀疑自己是否真的拥有这项所谓的优势智能，在活动中渐渐胆怯、退缩起来，有个别孩子甚至畏惧挑战性的活动。而我首先要做的，就是帮助他们发现和认同自己，积累成功感和自信心，一点一点肯定自己。这是每个成长过程中的孩子们的一种心理需求，但却是一个需要勇气和机会的过程。而如何发现、发扬自己优势智能之所长，便是这个超越、创造和肯定的过程。

在应试教育模式下，很多学生在学习过程中受到挫折，甚至被批驳得体无完肤，他们被相信自己没有天赋。优势智能扬长课程就是要为孩子们提供更加广阔的视野，更加丰富的人文情怀，更加多元化的自我与他人认同，让每一个独特的人都散发出独特的光芒，让孩子们做自信、快乐、勇敢的自己。

获得行动的鼓励是激发创造性的有力手段。为此，我鼓励孩子们通过各种轻松的途径接触音乐；创作简单的旋律，体验作曲的成就感；根据自己独特的节奏创编舞步；将歌曲改编歌词，唱出自己喜欢的故事；将喜欢的故事编成童话剧，融入自己创作的歌曲、舞蹈……渐渐地，胆怯的孩子敢表演了，自信的孩子能力提高了。借助艺术的载体，他们惊喜地发现新的自我，也开始认同他人的独特之处了。

（四）可操作性的扬长教学法

扬长班课程一周一次，间隔时间较长，还要规避训练式的技能学习，那如何有效发展学生的优势智能呢？我将课堂模块设立为赏、仿、创、演四个环节。

1. 欣赏

个性化的理解感受是音乐智能值得开发的重要价值所在。哪怕只是听，只要有自己的感受，都是对已有作品的再创作。而为了让孩子们有能力成为富有理解力的听众，需要给他们提供各种亲近音乐的机会。

敏感的音乐鉴赏者通常更加有意识地倾听旋律、节奏、和声、音调色彩等。这对于十来岁的孩子们来说难了些。于是我从生动、形象、夸张的音乐作品鉴赏入手，如《龟兔赛跑》、《彼得与狼》等。首先引导学生带着想象力聆听，鼓励他们将感受到的音乐要素进行大胆联想，然后反向设计一些事物场景，引导学生主动将兴趣点与声音联系在一起。比如，尽量去想象某一情境下的声音场景，通过从具象事物的想象延伸，主动引导学生有意识地将关注点延伸至声音、音色及更深层次的音乐情绪、色彩等要素上。如此一来，孩子们逐渐感受到音乐原来如此贴近生活。

2. 模仿

有了反向的音乐场景想象，自然地，孩子们进入到"模仿"的环节，这是积累感性经验的好途径，能为音乐表现和创造能力的进一步发展奠定基础。

人的艺术表现力是靠先天特质及后天环境氛围感染来提升的。加德纳曾阐述过"模仿"在日本音乐教育家铃木镇一的"铃木小提琴教学法"中的重要地位。在其指导下，很小的幼儿能演奏具有相当水平的作品，而高难度的作品演奏窍门之一便是"模仿"。

我从最简单、有趣的方式入手，例如模仿一段音乐形象素材，用哼唱、节奏亦或是竖笛等乐器模仿表现一小段，在快乐有趣的氛围里，逐渐提升他们感受及模仿的难度、准确度。慢慢地，学生对于片段的表现越来越精确，在他们心目中，这些更像是自己创作出来的，成就感油然而生，于是我们开始了一些真正的创作。

3. 创作

在我们的课堂上，有很多独立或是合作的创作活动。例如在创作"情景剧"的活动中，孩子们由小组合作创作剧情、分工排练，对故事中自己扮演的角色进行性格分析，并对该角色出场时该配怎样的背景音乐做出具体的要求。比如一个小女孩说："我演的是躲过猎人追捕的小兔子，它很机灵勇敢，我想用小提琴演奏一段声音很高的（音域很高）跳跃、活泼的音乐做我表演时的背景音乐，节奏要像小兔子跳起来的脚步声。"就她对音乐本身的要求来说，她模仿着对音乐的情绪、速度、音色等提出要求，为什么会有这些要求，因为她能从以前欣赏到的作品中感受到这些要素。

加德纳特别强调理解、实践、创新在多元智能课程目标中的重要地位。他把音乐智能的"最终状态"定论为"作曲家"，认定其创作力成为确定音乐智能高低的标准。研究表明，大多著名的作曲家在10岁或11岁间开始将自己演奏的曲目改编、变奏，甚至改头换面成另外一首作品。因此可见创作源自于模仿，但比模仿更具有个性化。

在课堂上，我们营造快乐的音乐氛围，鼓励孩子们换种方式来表达自己的各种情绪，于是他们开始拼凑节奏、添加音符，然后去敲击、去唱、去吹奏、去舞蹈，他们在做什么？他们不知道，其实自己正在完成的是涵盖了节拍中的四分音符、二分音符、八分音符、休止符等等乐理知识的组合运用，在既定格式、既定规律下的组合，它的另一种说法叫——作曲。其中涉及的乐理知识是基础课程中由一年级到六年级花几年时间逐步学习的内容，这些乐理知识是那些高深莫测的音乐作品创作的基础。在孩子们的手中，它不是那复杂生硬的知识，它就是一种工具，是他们的竖笛声、歌声和舞步。它就是孩子们表达情绪的途径，音乐知识就如此轻松地被运用，这便回归至音乐的本质——表达。对于孩子们来说，真的不难。一旦有了自己的作品，"表演"便是他们迫不及待的事情。

4. 表演

音乐是时间的艺术，它需要舞台。孩子们有了感受、实践、创作以后，需要呈现。上学期结束时，孩子们成功演出了音乐剧《森林音乐会》，这部作品主要由他们自主创编，由班上所有的孩子共同参与演出。其故事情节是根据一则小故事改编的，剧中歌曲是他们根据情境需要集体改编而成，这些歌本身是孩子们课堂所学，都是些四川省艺术素质测试声乐2至3级的作品，剧中角色是孩子们尽其所能、发挥自己优势、合理设置而来。通过他们的努力，最终每个孩子都站到了舞台上。

不难看出，在音乐扬长课中，"赏、仿、创、演"这几个板块其实是相互联系、融会贯通的。在各个环节科学的推动下，激发出孩子们主动参与的渴望，于是，参与变成了他们的自身需求，这种内动力在促进其主动学习，甚至终生学习上具有非凡的意义。

（五）成长的契机

优势智能扬长课的实施无疑是一个契机，它给予了老师一个开发、创新及反思的平台。在任教两年来的时间里，孩子们不断地给我惊喜，他们的很多变化让我感动着。回想当初，我踌躇满志设计出来的课堂内容让孩子们如坐针毡；看着一群满怀兴趣的孩子消极面对自己的不足；面对孩子们质疑自己能力而退缩；一碰到合作，小组内部便矛盾重重；一遇上创作孩子们就思维停顿。我茫然、焦虑、埋怨，甚至想到过放弃。但探索扬长教育的渴望促使我坚持下来，与其独自焦虑，不如放手让孩子们自己来选择课堂内容；与其在学生活动中过多评价，不如从寻找优点培养自信上鼓励孩子；与其像个消防员一样到处解围协调，不如仔细观察、鼓励他们各尽其能；与其给出高难度的学习内容，不如让他们"玩中学"。渐渐地，我开始用多元的眼光认识到自己并不是全才，开始用多元的眼光发现孩子们个性化的优点，开始用多元的学习方法开展实践活动。课堂快乐了，师生都轻松下来了。

而这些"放"使我和孩子们发生的转变是我以前没有感受过的，这让我深刻体会到了"教师转变一小点，课堂改变一大步"的好处。而这个转变远不仅仅是在改变几个教学策略上，而是教师角色的转变，开始真正面对并改变自己的"不知"、"不敢"和"不愿"。

扬长课初期我的窘境完全源于自己的"不敢"，不敢相信学生的能力，不敢放手尝试新的教学方法，结果证明，小看学生其实是在小看自己的能力。为了放手给学生更多的实践机会，我必须课上少说、课前多做。一学期下来，为每个孩子准备的成长袋里装得满满的学习成果，让我觉得所有的付出与尝试都是值得的。

课堂实录：《望月节》

侯萌利

教学设计

《望月节》是我国动画片《宝莲灯》中的配乐，由女声主唱，辅以乐队和人声的衬托，在击鼓声中女声唱出颇有神奇色彩的音乐。整段音乐都是以同一首调为基础，多次变化出现。同时在伴奏中运用了电子合成器，营造了神话传奇的神秘气氛。

如何让学生了解神奇、神秘的音乐风格呢？我结合多元智能理论和新课标精神。充分运用视觉空间智能来帮助学生理解，感受音乐，并将课堂延伸到深处，培养学生独立自学的能力，同时扩大学生的视野，拉近了学生与音乐的距离。

（一）与多元智能结合

充分运用视觉空间智能来帮助学生很好地了解感受音乐。

1. 孩子充分发挥想象之后，通过多媒体展示富有震撼力的画面，进一步帮助学生充分联想的基础上，让学生来理解把握音乐。

2. 在制作课件上，也应从视觉空间上来调动学生的学习积极性，在出现主旋律２５６７时，根据音高的关系，来进行错落有致的排位，让学生一看就明白这一音高关系，帮助学生解决了音准。

（二）与新课标结合

1. 将课堂延伸到课外，培养学生的能力。教学中我采用了对比教学方法，让学生寻找、收集大量的音响资料，如：欢快活泼、优美抒情、雄壮有力等不同色彩的音乐，进行了分组、归类、聆听，并在课中进行交流，运用音乐要素来进行分析，引导学生从速度、力度、节奏、音色等角度分析音乐产生不同感情色彩的原因。在此基础上聆听动画片《宝莲灯》中的配乐《望月节》，通过对比来感受、体验乐曲神奇、神秘独特的音乐风格。

2. 与生活相结合，艺术是来源于生活，又高于生活的。《望月节》描写的是远古时代的一种原始的活动，为了让学生感受音乐的神秘、远古、空旷，课前就让学生寻找身边的音源，如：吹奏空酒瓶，拍击空薯片筒等方式来伴奏。运用人声模唱，结合打击乐器，寻找身边的音源等形式进行创造性的表现活动。通过这些活动拉近了音乐与学生的距离，学生一下子就感受到了音乐是生动的，一点也不陌生。

教学目标

1. 让学生收集、表现欢快活泼、优美抒情、雄壮有力等各种不同感情色彩的音乐，引导学生从速度、节奏、力度、音色等角度分析使音乐产生不同感情色彩的原因。

2. 聆听动画片《宝莲灯》中的配乐《望月节》，感受、体验乐器神奇、神秘、独特的音乐风格，并运用人声模唱、结合打击乐器、寻找身边音源等形式进行创造性地表现活动。

3. 通过用《望月节》主旋律中的五个音符，创编几种不同感情色彩的音乐，使学生在编创活动中感受到音乐神奇多变的魅力。

教学重点

1. 听、感受乐曲《望月节》神奇、独特的风格，并有创造力的运用人声模唱、打击乐器及身边音源表现乐曲的神秘氛围。

2. 通过对相同音符的创编活动，感受音乐丰富的变化。

教学难点

引导学生准确地用人声模唱、打击乐器和身边的音源表现乐曲的神秘氛围。

教学准备

CAI课件、学生收集的音响资料、打击乐器、自制乐器、展示牌

教学过程

（一）引入部分

师：同学们，我们知道音乐的表现力是非常丰富的，聆听音乐会让我们产生各种不同的感受，引起许多联想，这些音乐有的使我们感到欢乐活泼，有的又让我们觉得很优美，还有的给人一种有力、雄壮的感觉。上节课，我给大家布置了一个作业，请你们和自己的伙伴一起收集一些自己喜欢的，能给我们带来不同感受的音乐，你们准备好了吗？那好，现在就把你们准备的音乐介绍给大家，让同学们都来分享音乐带给我们的快乐吧！哪些孩子愿意先来？

一组生：我们，我们。我们这几个玩的比较好的小伙伴，平时喜欢

唱歌、跳舞和表演，今天就给大家带来一首欢快的歌曲，让大家听一听。

（生表演《芭啦芭啦舞》。学生号召大家一起跳一跳、动一动）

一组生：同学们，你们觉得我们的音乐欢快吗？为什么会给你这种感受呢？

台下生：因为它速度比较快，节奏很紧凑、跳跃。

生：说的好，大家跟我的想法是一样的，所以我们听着音乐就想跳起舞来。

师：你们表现的很不错，通常欢快、活跃音乐就是速度快、节奏紧凑跳跃的。（出示课件）

二组生：我们准备的和他们不一样，到底哪点不一样呢，请大家看一看。

（生在《听妈妈讲那过去的故事》音乐声中配以各种打击乐器，边唱边表现）

二组生：同学们，我们的音乐和他们有什么不同，谁能说一说？

台下生：你们的速度要慢一些，要优美一些，比较舒缓。

生：对了，我们的想法是一致的。

师：说的非常好，速度稍慢，节奏舒缓是优美抒情音乐的特点。（出示课件）

咦！这边的男同学还没有动静，你们准备好了吗？

三组男生：我们给大家带来的是带有男子汉气概的音乐，请大家听一听。

（行进表现《运动员进行曲》）

三组男生：同学们，你们觉得我们的音乐怎么样？

台下生：很有力，节奏适合走路。

男生：那速度呢？

台下生：不快不慢。

师：大家说的都对，雄壮有力的音乐速度？（出示课件）

生：中速稍快。

师：节奏？

生：规正。

(二) 新课部分

师：今天大家表现得非常好，不仅收集了这么丰富的音乐资源，更重要的是，你们还能用学过的音乐知识来分析它，我呢，也准备了一段音乐，想请大家来听一听。它又带给你们怎样的感受呢？

1. 初听望月节

师：好了，给你们怎样的感受？你想到了什么？

生：很神秘，很远古，很空旷等等。

2. 复听

师：说得非常好，同学们的想象力真丰富。那么，在这段音乐中，是什么使你产生了这种神秘、远古的感觉呢？请同学们带着这个问题再仔细听一听。

生：(听后) 有鼓声、脚步声、歌声。

师：说的对，那么主要是男声还是女声在唱？

生：女声。

师：对，那有谁记住了女声独唱的旋律音调，给大家哼一哼，唱一唱？

(师用多媒体出示旋律，请生哼唱) 2 —1 5 6 6 7—

(请生找出旋律中的升记号、延音记号并重点唱一唱，感受这些记号在旋律中的作用。)

师：唱得好，除了这些特点以外，刚才不知有没有同学注意到旋律后面的节奏有了什么变化呢？

(请生唱)

师：还有没有好的方法，使他们的效果更好，更具有表现力一些呢？

生：可以分为强弱、高低音和男女声唱。

（在老师的手势下演唱）

3. 再听

师：唱得太好了，你们已经用歌声体验了这种神秘，远古的气氛了，但是还有没有其他方法，可以表现得更好呢？

生：用鼓（提示鼓的作用，引导学生再听音乐，并随着音乐模仿敲鼓姿势）

师：怎么样？鼓在音乐中的表现力是不是起着很大的作用啊？那好，同学们把你们的小鼓拿出来，还可以寻找我们身边的音源来模仿鼓的声音。老师也为你们准备了一些其他的道具，看看你们有没有用得上的。

（生利用身边的音源如：板凳、空玻璃瓶等模仿鼓声、号角声，结合人声歌唱表现神秘远古的气氛。）

4. 视听结合欣赏

师：好，大家的表演实在是太精彩了。那么，我们刚才感受、表现的那段音乐到底叫什么名字，从哪里来的呢？请大家看一段画面。看了画面，大家就知道了。（师生共同欣赏动画片《宝莲灯》中配乐《望月节》，可随音乐用身体语言表现）生听后说出名字。

师点题小结：我们今天表现的这段音乐就是动画片《宝莲灯》中的配乐，它的名字叫《望月节》。它表现了神话传说中原始部落的人们在举行节日的祈拜仪式时的一种神秘、神圣的场景。你们刚才表现的就是这样一种氛围。

（三）编创部分

师：今天，同学们又多感受、体验、表现了一种特殊风格的音乐。现在，我想出个难题考考大家。请你们用刚才的五个音２１５６７，把它改编成你所喜欢的那种感觉的音乐，比如说喜欢欢快活泼的就改成欢快活泼的……

（生小组开展编创活动，并为自创音乐命名，师辅导）

（生分组用人声、舞蹈、打击乐器、身边音源等形式展示）

(四) 评价与反思

同学们，你们的创作和表演非常精彩。它告诉了我们：音乐世界就像一个色彩斑斓、千变万化的万花筒。它能把几个小小的音符稍稍地做些改变，就形成了各种感情色彩的音乐，这是多么奇妙啊！希望同学们今后在聆听和感受音乐时，用心去体会它丰富的内涵，感受它无穷的魅力。

今天，我们的音乐课就上到这里，下面在《宝莲灯》另外一首大家熟悉的、动听的歌曲声中，结束这堂课。

（在刘欢演唱的《天地在我心中》的歌声中，师生共同即兴演唱。）

三、 身体运动智能

多元智能与体育教学

梅 宏

对于学习和研究多元智能理论，我从最开始的茫然，到现在的略有所获。特别是与多元智能学习团队共同学习的这一学期，让我对多元智能有了更进一步的认识。学生是我们老师施教的主体，我们所做的一切努力就是为了学生更加健康的发展。我理解中的多元智能理论在教学中的运用，就是让每一个学生找到"自我感觉"，使心智得到更加健康的发展。

（一）多元起点，激发兴趣

在以前的教学中，我总是希望学生们能够"共同进步"，于是把"会飞的"拉下来，"会跑的"捆起来。学习多元智能理论后我才发现，这样的教学弊端多多，忽略了学生的个性，阻碍了学生的发展。于是，在接下来的教学中，我尽可能地创设各种适宜的，能够促进学生个性全面发展的，以自主自治为核心的个性化教学策略，让每一个孩子都有选择自己学习方式和行为的机会，尽可能地让学生在有限的教学时空里，"会飞的"让其飞，"会跑的"助其跑，"会走的"促其走。

（二）协作互动，趣味延伸

中国有句谚语"人有所长，尺有所短"和加德纳的多元智能理论很有异曲同工之处。人不是孤立存在的，能力的相互补充对于人的自身发展和一些多能力任务的完成显得格外重要。

1. 自主学习策略

自主学习是以学生为中心，尊重学生的自主权，通过不同的学习途径，以实现学生智能的多元化发展。如：篮球运球突破上篮技术，我把这块内容分成4个集合：运球跑、运球过障碍、运球上篮和运球过障碍上篮。我先提供该集合的学习指南、学习要求等，然后学生按照自定的方法进行一段时间的学习后，可自行决定是否接受达标测验。我则通过观察分析学生的学习过程和结果，来决定是让他"飞"还是"跑"，或者是"走"。

2. 合作学习策略

合作学习就是通过学生之间的合作交往互动来达到教学目的。由于同学之间年龄相仿、心理相近，具有合作学习的良好基础，合作时的心理气氛较为自由，而我也可以根据他们不同的气质和智能上的差异合理安排合作伙伴。如：在学习了武术基本步伐、手法，以及一套少年拳后，我请小组合作自编一段武术套路。在套路中要包含所学的步伐、手法，编好套路后，小组队员还要进行全班的汇演，选出最好的一套教给全班同学。在这样的合作学习中，不但使学生温习了所学知识，增强了评价能力，而且提高了合作技能，培养了团队精神，开发了学生人际关系智能和自我认识智能。

（三）智能整合，多元发展

在体育教学中我把语文知识内容引入了体育课堂，营造情景，让学生的身体得到锻炼的同时，提升兴趣，发展语言功能。如：我在教授投掷时，结合《董存瑞》里面教学片段的情景来进行教学设计——"穿过火力网""勇炸敌碉堡""智夺隆化城"等等环节，还让学生自己创编教学情境，课后小组汇报学习心得。如此一来学生在不知不觉中提高了练习兴趣，又开发了语言智能。在体育教学中音乐也起到了不可小觑的作用，如：我在进行武术教学时，配上节奏较快的音乐，让学生根据对应节拍进行练习，这样一来，学生很容易就掌握了动作要领，注意力也相当地集中。再比如，原本显得枯燥无味的长跑教学，我给孩子们配上了轻快的音乐，课堂一下子就热闹起来了，平时最乏味，最让他们害怕的长跑变成了孩子们最喜欢的教学内容之一。课后，还意犹未尽的与我商量，"老师，我们下次再上一节这样的长跑课，好吗？"音乐与体育的有效结合，让学生在享受音乐的同时，也轻松愉快地完成了教学任务。而我们现在流行的健美操，可谓是运动智能与音乐智能整合的典范。此外，一些内容复杂的教学项目，我们完全可以利用多媒体教学，将课程做成课件。如，我在进行自由泳陆上教学时，把分解动作制作成了FLASH，利用学生们感兴趣的动画效果和直观的视觉冲击让学生学起来更轻松，更有兴趣，也促使教学任务得以顺利完成。这些教学中的事例，让我发现在体育教学中，智能的整合利用，对于增强体育课堂的趣味性和学生多元发展具有极其重要的意义。

用多元智能去指导我们的课堂，用多元智能去欣赏我们的学生，我们就会见证无数的奇迹！

多元智能理论与《我爱运动》课程

梅　宏

在我们的教学中，每个学生都是独立鲜活的个体。而由于智能特点的不同，有的学生擅长演奏动人心弦的乐曲；有的学生对数学难题的挑战兴奋不已；有的学生对自然界具有独特的感悟，有的学生热衷于写作，而且已经体验到发表小说或诗歌作品的喜悦；有的学生具有领导才能，能够给予同学们以积极而值得信赖的引导，并能成为他们学习的典范。每个人或多或少都拥有各项智能，只是对于自己突出的智能表现出来的方式和程度都要优于其他智能，这就是我们的优势智能。但是，怎样才能发现学生的优势智能呢？有一位多元智能理论的研究者曾经幽默地建议，判断孩子最发达智能的一个好办法是观察他们在课堂上的"不规矩表现"：语言智能发达的孩子老爱说话；空间智能发达的孩子爱涂涂画画，发呆冥想；人际交往智能发达的孩子善于与人交往；肢体运动发达的孩子爱做小动作。这些课堂上特殊而不规矩的表现其实是一种信号，是学生在向教师表示他们具有这些特长，希望被老师认可并接受。学习了加德纳的多元智能理论后，我对学生宽容了，也开始充满信心了，不再将他们的"不规矩"视为烦恼，而是将其变成意外的惊喜，变成发展学生智能强项的切入点。因材施教，用多元智能的眼光看，就是发挥他们的强项，带动其弱项，努力使他们向最适合自己的方向发展。

（一）课程设计理念

在当前班级教学中，老师们都希望学生们能够"共同进步"，于是把"会飞的"拉下来，"会跑的"捆起来，弊端多多。依托多元智能和个性化教学的理论，学校扬长课程的开设打破了常规教育模式，教师创设各种适宜的，能够促进学生个性全面发展的，以自主自治为核心的个性化教学策略，让每一个学生有选择自己学习方式和行为的机会，"会飞的"让其飞，"会跑的"助其跑，"会走的"促其走。让他们更多地享受成功，帮他们找到最适合自己的学习方式，使他们的优势智能能够得到最大的发展。在我的体育扬长班中，孩子们对体育运动都非常地喜爱，大多数孩子在平时的课堂中也有非常突出的表现，但是展示的机会很少，我多数时候也只能把"会飞的"拉下来，"会跑的"捆起来，让学生们"共同进步"。所以扬长课程的开设正是给这些学生提供了一个展示自己的舞台，让他们在体会到学习快乐的同时，能够更加充分认识到自己的优势智能。

(二) 区别于传统教学模式

扬长班的教学有别于传统的教学方式，多采用了自主学习和合作学习策略。自主学习以学生为中心，尊重学生的自主权，通过不同的学习途径，以实现学生智能的多元化发展。如：我根据学生的普遍特点好动、爱做游戏，让学生自己创编游戏。首先给学生讲解怎样进行一个完整的游戏，包括游戏的名称、游戏的准备、游戏的组织方法、游戏的规则及注意事项等，然后让学生自己创编体育游戏。我再适时地从中选择游戏引入课堂教学，让学生在自己创编的游戏中学习。合作学习就是通过学生之间的合作交往互动来达到教学目标。由于同学之间年龄相仿、心理相近，具有合作学习的良好基础。如：在进行花样跳绳的学习中，我先教授学生基本的跳绳动作，然后请小组合作学习，根据基本动作创编各种花样跳绳。在创编中要包含所学的基本动作和自创动作，创编好动作后，小组人员要练熟，进行全班的汇演，选出最好的动作教给全班同学。这样的合作，不但使学生温习了所学知识，增强了评价能力，而且提高了合作技能，开发了学生人际交往智能和自我认识智能。

(三) 教学实例

下面我就以花样跳绳为切入点，简述。

1. 教学目的

由于跳绳的种类和方法很多，在安排课时，按照由单人——双人——多人——集体，短绳——长绳，单绳——多绳等顺序练习跳绳的各种方法，使同学的练习由简单逐步到复杂，以此激发学生学习的兴趣，让学生向新的目标挑战。然后让学生充分联想：用跳绳我们还可以做什么练习？并练习自己喜欢的内容。

2. 教学过程

（1）让同学进行友伴分组，练习以前掌握的跳绳方法。同时，在电脑中查找自己想了解的有关跳绳的资料。包括：跳绳特点、促进少儿智力和身高的增长、增强少儿心肺和胃肠功能、有助于提高身体素质、练习跳绳时的注意事项和一些练习跳绳的方法。在课堂中，增加动画演示，让学生直观地了解在跳绳时，心脏的跳动和肺部的运动。这样不但使学生掌握了跳绳的方法，而且了解了跳绳的相关锻炼目的。

（2）通过多媒体进行猜谜游戏，导出一种长绳的练习方法——《升级》。然后让学生仔细观察电脑的演示，然后进行分组练习，比比哪组学得快。然后，学生可以选择老师给出的跳绳方法练习，也可以自由创编练习，比一比哪组学得快？哪组的跳法最新颖？

（3）最后，让学生自己想象：用跳绳我们还能做什么练习，并自选一样比较喜欢的项目进行小组练习。结束部分：先让学生欣赏歌曲，发挥充分的想象力和创造力，然后在悠扬的歌曲《小百灵》的伴奏下自由做动作。从而达到恢复学生生理和心理状态的目的，同时渗透美育，陶冶情操。

（4）将多媒体引入体育教学，通过动画的演示，使学生直观了解跳绳的多种跳法和相关知识（包括：跳绳特点、对少年儿童的益处和跳绳应注意的问题）。让学生根据已有的跳法进行自由创编，培养学生的创新力。

（5）在教学中，我适当地参加各组的练习，加深了师生的感情，融洽师生关系，使学生在轻松愉快中学习。并让同学将自己的跳法大胆地向其他同学展示，增强其自信心，从而获得成功的喜悦。通过游戏比赛的形式培养学生良好的团结合作能力。

（6）师生课后交流，相互评价。

（四）多元组合，发挥优势

每个人的智能倾向和智能组合是不尽相同的，这将直接导致人在学习中不可避免地存在诸如学习兴趣、方法等方面的差异。在与体育有着密切联系的几种智能中，我认为音乐智能、空间智能、运动智能和语言智能的整合利用给体育扬长课程带来了意想不到的效果。如何整合利用不同的智能，让学生都得到发展，自然就成了我的扬长课程最关注的问题。如：上学期学习的太极功夫扇，就是利用音乐的节奏、节拍、速度的变化进行动作。刚柔并济的功夫扇配上节奏鲜明的音乐，学生很容易就掌握动作要领，注意力也相当集中，在享受音乐的同时，不知不觉完成了教学任务。我们正在学习的《阳光校园》集体舞也可谓是运动智能与音乐智能整合的典范，而且在集体舞的教学中，我们充分利用多媒体，先让学生自己回家查阅资料，并将视频做成课件，利用音像资料增强直观效果，起到了事半功倍的作用。

相信每一个学生，给予他们关注，为他们提供更加个性化的学习渠道，他们会回报给你无数的惊喜！通过智能扬长课程的教学活动，也让我对学生的看法有了新的认识：促进学生智能的发展是一个长期、系统的工程，让我们多一些耐心，多一些爱心，多一些用心，我们将收获更多！

四、数理逻辑智能

运用多元智能理论提高学生解决问题的能力

郭 瑛

现代教育理论认为：数学教学应从学习者的生活经验和已有知识背景出发，为学生提供充分进行数学实践活动与交流的机会，使他们真正理解掌握数学知识，获得广泛的数学活动经验，提高学生自主探究和解决问题的能力，使人人学有价值的数学，不同的人在数学上得到不同的发展。因此，根据学生的认识发展水平和规律，教学过程中，我们应当丰富学生的实践活动内容，教给学生在实践中合作探究的方法，充分调动、发挥学生多种智能参与学习，以提高学生在实践中解决数学问题的能力。

（一）丰富实践活动内容

实践活动包括学生在理解数学知识，建立数学概念的过程中动手、动脑、动口等活动，能提高学生的学习兴趣，帮助他们理解知识，形成数学概念，启迪思维，培养解决问题的能力。同时，实践活动内容应结合学生已有生活经验。数学源于生活，教师应选择学生身边发生的现象、熟悉的事物作为实践活动的主题，通过对这些从生活中提取的数学问题的研究，使学生感受到生活中处处充满着数学，培养解决问题的意识。例如：学习应用题后，设置了这样一个数学问题，先出示各项游乐项目的价格，然后3个小朋友去游乐园，每人约定只花20元，各自选择游乐项目。请你帮他们每人设计游乐计划。这样的问题，不同学生有不同的思考策略，通过不同方案的比较，既培养了学生应用数学理财的意识，又提高了解决实际问题的能力。

（二）在实践中合作探究

有效的数学学习活动不能单纯依靠模仿与记忆。调动学生的视觉空间、肢体运作、人际交往等智能，鼓励学生动手实践操作、大胆合作交流，也是学习数学的重要方式。它不仅可以使学生的书本知识得以运用，将知识转化为能力，而且还能在活动中促进学生去思考，去共同探究问题的解决办法。因此，教会学生在实践中的合作是非常重要的。例如：教学长度单位"厘米、米"时，仅靠课堂上的讲授是远远不够的，要使学生形成长度观念，并能灵活运用，就应设计适当的操作实践活动，如让学生自由分组测量生活中一些物体的长度，选择合适的单位名称等。在获取数据，合作交流的过程中，促进学生肢体运作智能、人际交往智能和语言智能的发展，提高学生探究问题、解决问题的能力。

合作探究可采取以下形式：

1. 小组主题讨论。小组讨论时，要特别重视实效性，每人负担一项工作，如组织，记录，第一发言人，第二发言人。应围绕一个主题讨论。比如教学"应用题的两种方法"，在学生独立完成的基础上，讨论、交流不同的解答方法，判别方法的可行性，得出应用题的多种解题法。

2. 角色扮演。针对一项主题，虚拟真实情景，由小组成员分别扮演各个角色。如教学有余数除法应用题时，用角色扮演的方式模拟平均分的过程情景，以帮助理解有余数除法中余数的意义。

3. 自由式讨论。讨论时，把各自的想法记录下来，再把各组的想法汇集在一起，让思维相互碰撞，产生火花。如一题多问，口编应用题就用这种方式。

由于学生年龄小，自控力差，注意力易分散，因此讨论前要提出小组合作规则。如不讲无关的话，要人人参与，认真听取别人意见，做好记录等，教师也应加强巡视指导并参与到活动中。

（三）在实践中提高解决问题的能力

要想学生在实践中自主探究，积极思考，提高解决问题的能力，促进数学逻辑智能的发展，必须教给学生学习的方法，养成良好的学习习惯。

1. 会听

让学生听讲时边听边记，抓住重点。不仅要认真听老师讲，还要认真听同学发言，善于发现同学发言中精彩独到的地方或存在问题。为了训练听的能力，可采用口算题，教师说算式，学生写出得数；教师口述应用题，学生直接写出算式等训练方式。

2. 会看

主要培养学生的观察能力。凡是学生通过自己看书就能掌握的知识，教师只作适当点拨，提供充分的观察材料，引起学生观察兴趣，让他们通过观察比较作出判断。

3. 会动脑

课堂上提出问题要留给学生足够的时间思考，让学生有机会动脑想问题，还要善于启发、引导。

4. 会说

语言是表达思维的重要方式，数学课一样要调动学生的语言智能参与学习，并重视语言智能的培养。要尽量让学生多说，这样也能促进学生多听、多看、多想。抓住"说"这一环节，也能有效促进其他"三会"的发展。

总之，只要我们努力丰富学生的数学实践活动，注重教给学生在实践中合作探究的方法，充分调动、发挥学生的多种智能参与学习，学生就能逐步把书本知识内化为自己的知识，真正实现知识的迁移，学生解决数学问题的能力就能得到相应的提高。

课堂实录：数 8 的认识

黄 宇

课前设计

在设计本节课时，我将目标定位于：以多元智能理论为指导，将学生的学习内容生活化、学习方式多样化、学习活动多元化，以调动学生的多种智能参与学习，培养学生的主动性和学习的热情。我要使我和孩子们的课堂不仅充分体现数学学科课的特点，还要闪现出多元智能的火花。

（一）学习内容生活化。学生刚踏进校门，要立即适应数学学习，并且很快地喜欢上这门比较严肃的学科，并非易事。我增加了许多贴近学生生活、喜闻乐见的内容，使学习内容生活化，为发展学生的多种潜能提供了丰富的学习材料。

（二）学习方式多样化。多元智能理论告诉我们，每个人都有八种或八种以上的智能，智能的组合方式是多样的，因而学习方式也是多样的。因此，只有教师的教学方式多样化才能满足学生不同的学习方式的需要。在《数 8 的认识》一课的设计中，我有意识地增加了同桌对口令、师生之间找朋友、按正确顺序排数、拼图等学习方式，让学生在多样化的学习活动中，开发自己的多种智能。

（三）学习活动多元化。学习活动是开发学生多种智能的载体，因此，我在教学中设计出多元化的学习活动，激活学生的肢体运作、音乐、人际交往等智能参与数学学习，在有效开发学生数学逻辑智能的同时，促进学生其他智能的和谐发展。①调动学生的肢体运作智能，使学生在课堂中真正地动起来。为此，我创设了学具操作、运用身体活动进行8的分解组成练习、用手势表示">""<""="等活动，使全班学生都有机会参与课堂学习，发展自己的肢体运作智能。②调动人际交往智能的参与，通过练习教会学生如何协作，如何去欣赏别人。在本课中，我将组织同桌间的讨论、互评，这样的评价可能会不准确，但是孩子们能够学会倾听、学会接纳、学会欣赏。③适当地融入音乐。本课我设计了2次将音乐自然地引入学生学习的活动。如书写8时，播放舒缓的音乐，使课堂活跃的气氛归于平静、使学生激动的心情归于平和。我想，这样的课堂就能张弛有度，适于学生多种智能的发展。

教学内容

小学数学教材第一册《数8的认识》

教学目的

1. 了解数8的顺序和与8相关的大小比较，掌握8的书写及基数、序数的含义，掌握8的组成及分解。
2. 加强数学与生活的联系，培养学生的合作意识。

教学重点

8的分解组成及数8的书写

教学过程

步骤	教师活动	学生活动	设计意图
准备活动	1. CAI展示主题图 2. 找生活中的"8"	1. 说出图中物体数量 2. 说生活中哪些物体数量用8表示	激发学生兴趣，以贴切的方式将学习内容以生活化的形式表现出来。

续表：

步骤	教师活动	学生活动	设计意图
活动一：初步感知8	1. 用8个形状相同的图形拼图 2. 同桌进行评价	1. 拼图活动 2. 同桌间展开互评	通过拼图调动学生的肢体运作、视觉—空间智能参与学习；通过互评，学会欣赏他人，评价他人，培养人际智能。
活动二：8的顺序	将0~8各数按一定顺序排列	学生上台演示或口述	通过按顺序排数，培养学生的数学逻辑智能。
活动三：8的大小比较	选择感兴趣的数和8进行大小比较，并用手势表示	学生口述，并用手势表示">"、"<"、"="	为学生创设自由学习的空间，给学生自主选择的机会，培养学生的学习兴趣。
活动四：8的分解及组成	(1) 选择喜欢的8个相同图形，进行分解组成的操作 (2) 以同桌对口令、师生找朋友的形式进行练习 (3) 课中操：师生的动作组成8	(1) 独立操作，小组交流 (2) 同桌游戏，全班集体游戏，师生间的游戏 (3) 音乐声中，师生共同完成	这部分设计了自由选择图形、拼图形以及有关8的组成的游戏、课中操，既为学生探究学习创设空间，又为学生提供愉悦的课堂学习氛围，从而发展学生的数学逻辑、肢体运作和人际交往等智能。
活动五：8的书写	(1) 用肢体体现8的形状 (2) 在音乐声中写8	(1) 学生个人或与他人合作完成 (2) 独立完成	运用肢体动作体现8的形状，加强形象记忆。音乐为学生创设了优雅的氛围，使学生的心态归于平和，使学习更为有效。
活动六：基数和序数	8名戴动物头套的同学上台与其他学生进行问答活动，学习掌握序数和基数的含义	学生们积极地参与问答活动，全体学生十分踊跃	师生间、生生间的互动式学习对于培养学生的人际交往智能非常重要，同时也可以让学生体验合作学习成功的喜悦。
活动七：归纳小结	让学生根据自身的情况，从知识、能力、情感等方面谈谈本课的收获	全班交流	培养学生的内省智能和语言智能。

四 数理逻辑智能

课堂实录

师：今天黄老师要送给大家一幅图，（投影）请同学们仔细观察，你看到了什么？

生1：我看到8个小朋友正在游泳。

生2：我看到了8顶游泳帽，8个游泳圈，8件游泳衣。

师：这些物体的数量都可以用几来表示呢？

生齐：都可以用8来表示。

(师板书课题：数8的认识)

师：你能说说生活中哪些物体的数量可以用数8来表示吗？

生1：我有8本图书，可以用8来表示。

生2：我家有8扇窗户。

生3：我们小组有8个同学。

师：我们班有哪些小组有8个同学，请起立。

(8人小组的学生都十分高兴地站了起来)

师：还有哪些物体的数量可以用数8来表示？

生：星期四这一天有8节课。

师：8和前面学过的数一样都是我们的好朋友，与我们的生活密不可分。

活动一：8的初感

师：请同学们自由选择你最喜欢的相同的7个学具摆在课桌上。

(生摆学具)

师：怎样才能成为8个呢？

生1：再添一个相同的就可以了。

生2：7个添上1个就是8个。

师：你能用这8个学具拼出你喜欢的图案吗？

生齐：能！

（学生纷纷用这8个学具拼图案）

师：谁来说说你拼的是什么图案？

生1：我用8个圆片拼成了一朵花。

生2：我用8个小棒拼了一个算式"1＋2＝"。

生3：我用8个三角形拼成了一条鱼。

师：刚才3个小朋友介绍了自己拼的图案，很不错。下面谁来为大家介绍同桌小朋友拼出的图案，并且评价一下他拼得怎样？

生1：我的同桌真能干，他用8个正方形拼成了一座漂亮的城堡。

生2：我的同桌非常认真，他用8个小圆圈拼成的大圆真好看。

生3：我和我的同桌合作共同拼出了房子，我们真棒。

师：孩子们，你们真能干！你们不仅认真完成了要求，还学会了合作，学会了如何去欣赏别人，老师很高兴，老师要把掌声送给你们。

师：你们还想了解关于数8的哪些知识呢？

生1：我想了解8的顺序和8的分解组成。

生2：我想学习关于8的大小比较。

生3：我想学习写8。

……

师：好，下面我们就来共同学习这些知识。

活动二：8的顺序

（师在黑板上随意贴出1～7的数卡）

师：黑板上的数自己排好了顺序，咱们帮着检查它们排得正确吗？如果你认为有错请你按照正确的顺序重新排列。（生自由上黑板操作）。

师：请同学们按正确的顺序读一读。（生拍着手一齐顺读）

师：听清老师的要求，请同学们按要求读，边读边记。（生按要求倒读、用英语读、集体开火车读）。

活动三：8 的大小比较

师：请选择你知道的数和 8 进行大小比较，并用手势表示"＜""＝""＞"。

生：我选择 7 和 8 进行大小比较，7 ＜ 8，8 ＞ 7。

生：我用 100 和 8 进行比较，100 ＞ 8，8 ＜ 100。

生：我想用 8 和 8 比，8 ＝ 8。

活动四：8 的分解组成

师：选择 8 个相同的图形将它们分成两堆，自己独立操作完成以后和同桌进行交流，然后说给大家听。

（生独立操作，小组交流）。

生：我们小组将 8 分成 5 和 3，也可以分成 3 和 5。

生：我们小组将 8 分成 2 和 6，也可以分成 6 和 2。

……

（师按照顺序将 8 的分解板书。学生拍手齐读一遍 8 的分解组成，然后默记）

师：下面，请孩子们与自己的同桌对口令进行练习。

生1：我出7。生2：我出1。

生1.2 齐：7 和 1 组成 8，8 可以分成 7 和 1；

1 和 7 组成 8，8 可以分成 1 和 7。

师：老师和你们一块玩一个找朋友的游戏。（师发数卡）

我是 6，我的朋友在哪里？

生：（举出卡片）我是 2，你的朋友在这里。

师生齐：6 和 2 组成 8，8 可以分成 6 和 2；

2 和 6 组成 8，8 可以分成 2 和 6。

师：同学们的反应可真快，下面我们一起来做动作，你的动作和节奏都要和老师的一样，而且要共同组成 8。

(师生在音乐声中同做课间操。师拍手4次,生齐拍手4次;师跳2次,生齐跳6次……学生兴趣浓厚,课堂气氛轻松和谐)

活动五:8的书写

师:数8的形状大家都很熟悉,试一试用你的肢体动作表现8的形状,也可以和其他同学共同完成。

生:将两手圈成一个圆,放在头顶,上下重叠组成8的形状。

生:和同桌共同组成8(两个同学分别都用手围成大圈,将两个大圈紧靠在一起,组成8的形状)。

……

师:咱们今天还将学习8的书写,注意老师书写的顺序,你认为在写8时哪些地方时特别需要注意的。(师示范写)

生1:我觉得写8时是从上写到下,从右边起笔。

生2:要把两个圆写好。

生3:我要提醒同学们注意8在田字格中的位置。

师:请同学们在田字格中完成8的书写(练习3遍,音乐伴奏)

活动六:基数和序数

师:我们今天的课堂中来了几个小动物,看看它们都是谁?
(8位戴动物头套的同学上台用英语向大家自我介绍并问好)

生:hello, I am monkey.

生齐:hello, monkey.

……

师:台下的同学想向他们提出哪些问题?

生1:请左起的第三个小动物绕一个圈。

生2:请左起的前三个小动物拍拍手。

台上生1:请问我是左起第几个?右起第几个?

生3:请右起的第七个小动物向我们问好。

……

（台上台下互动式提问，并完成相应的要求）

活动七：归纳小结

师：将这节课你学到的知识和给你印象最深的内容告诉大家。

生1：我知道了8的顺序、大小比较、8的分解组成、8的书写。

生2：我知道了"几"和"第几"的区别。

生3：我用8个学具拼出了最喜欢的图形。

生4：我觉得找朋友和做动作组成8最有趣。

……

师：孩子们学得真好，你们不仅学会了有关8的知识，还学会了用肢体运作、音乐等智能帮助自己学习，与同学合作学习也非常愉快。下课以后，孩子们还可以找一找我们的生活中还有哪些8？下课。

五、语言智能

一起走进快乐阅读

宇雯雯

孔子说:"知之者不如好知者,好知者不如乐知者"。在新课程背景下,语文是人性的语文,是生活的语文,更是快乐的语文。而现在的语文教学屡屡出现机械训练、死记硬背、分数第一、题海战术的现象,这样的语文教学不但没有培养出学生较高的语文素养,更让一些孩子对语文学习产生了厌恶、倦怠的情绪,造成了一系列的恶性循环。怎样让学生亲近语文,热爱语文,这成了我心中的困惑。于是有了这样一个机缘,和22个孩子在多元智能扬长班一起走进阅读课堂,一起走进快乐的语文。

(一)共同制定目标,鼓舞学生

第一次上课,我首先征求孩子们的意见,"你们希望在快乐阅读课中学习什么?"有的孩子写到:"我们是快乐阅读班,那就是要学得快乐。每节课让我们多看一些书,再交流自己所看的内容。"有的孩子写到:"我希望学到有关阅读的知识,还希望在课堂上做些关于语文的小游戏。"有的孩子说:"我想学一些优美的词句,还可以编故事,写儿歌,或者是到书吧看书。"……看着孩子们充满期待的目光,看着他们在纸上一一写下的内容,我为孩子们感动:其实孩子们是喜欢语文的,对语文充满了浓厚兴趣的,他们和成人不同,喜欢用自己的方式去学习语文。

(二) 调动多种感官，激发学生

在美文欣赏中，我们一起感受了朱自清的《春》。孩子们读着通俗易懂、生动形象的句子，为美丽的春光所陶醉，为作者那洋溢的诗情所感染，于是，我让孩子们闭上眼睛，想象：在这样的春光中，你还看见了什么？学生通过想象，脑海里产生了各种各样的画面：有的看见了池塘里嬉戏的小鸭子，有的看见了田里生长着的种子，有的看见了草原中新生的嫩芽……于是，我让孩子们拿出自己的画笔，画一画自己眼中的春景。通过这些生动具体的形象，使学生深入领会到作者赞美春天的美丽，更赞美春天有不可遏制的创造力和无限美好的希望。学生的大胆想象不但可以使课文中的文字变得鲜活起来，而且能够激发他们对春天的热爱之情，加深感悟和体验。在语言转化为图象的过程中，引导学生通过大胆想象来发展视觉空间智能，让其空间思维更加广阔。

音乐是一种极富感染力的艺术形式，如果把音乐引入语文课堂，充分展现其魅力，将会产生不可低估的效果。在《再别康桥》欣赏中，我们先配乐欣赏诗歌，在淡淡的音乐声中，孩子们感受到《再别康桥》是这样一首优美的抒情诗，宛如一曲优雅动听的轻音乐。然后在孩子们熟悉了诗歌之后再进行配乐朗诵，既可以渲染气氛，又可以通过音乐帮助学生对诗歌内容加以理解和感悟。伴随着音符的起伏跳跃，朗诵声犹如一曲悦耳徐缓的散板，轻盈婉转，拨动着大家的心弦，在这样优美的意境中，朗读、音乐融为一体，孩子们也能很快地将诗歌背诵下来了。

在诗歌《月亮》的学习中，我们加入了《月光曲》的音乐。在缓缓而起的音乐声中，孩子们感受到如水一般、皎洁的月光洒向大地，一片恬静而朦胧的美，进而音乐渐渐急促，如潮涌来，描绘出海面上波涛汹涌的样子，与刚才的景象迥然不同。在这样的语言与音乐的融合中，孩子们感受到月光下的绮丽景色，进入了愉悦其耳目、激动其心灵的境界。

把肢体运作活动和阅读联系起来，让学生做一做、动一动、演一演，让学生觉得学习语文是容易的事。在《蚯蚓的风格》一课讲的是蚯蚓尽自己的微薄之力，默默无闻地在土里犁地。为了体会"蚯蚓每天默默地在地里钻来钻去地松土，长年如一日，不辞辛苦"，我们请学生模仿蚯蚓的动作演一演，并请学生想想它生活在怎样的环境中？假如你就是一条蚯蚓每天都这样的工作，感觉怎么样？从而让学生体会到蚯蚓不怕累，不怕苦，默默奉献的精神。

在《妈妈喜欢吃鱼头》一课中，我们请学生分别扮演外婆、妈妈、我和女儿四个角色，让学生在绘声绘色的表演中体会妈妈并不是真的喜欢吃鱼头，而是把鱼肉让给孩子吃，自己吃刺多肉少的鱼头；让学生从吃鱼这个生活细节中，感受到天下的妈妈都是一样的，爱孩子超越了爱自己。学生在自我的表演过程不仅发展了语言智能，还调动了身体运动智能、空间智能等等的协调参与。

通过小组合作学习，给爱动、爱玩的孩子们提供了一个自主参与表现的机会，并通过彼此沟通、相互合作，使组内每个成员都有获得成功的机会，起到优化阅读教学的作用。在合作学习中，要求学生既要学习他人长处，又要帮助他人解难，以达到真正交流思想、互相学习的目的。小组合作也是为学生搭建了一个人际交往的平台，使学生之间的关系更加融洽起来。当学生遇到不理解的知识时，我们也可以像《开心辞典》中的王小丫一样让学生采取形式多样的求助。这样学生在交流、分享、求助的过程中较好地做到了生生交流，也培养了学生的人际交往智能。

我和孩子们在快乐阅读中刚刚度过了半学期，在这短短的两个月中，我们一起走进书吧，争当故事王，欣赏美文……孩子们对阅读学习的兴趣是浓厚的，对知识是渴望的，只要相信自己、相信学生，我们的快乐阅读之路会越走越宽，越走越好。

课堂实录：《晓出净慈寺送林子方》

董庆佳

课前设计

在中外艺术史上，许多人把诗与画相提并论，我国宋代文学家张禹民说过："诗是无形画，画是有形诗。"意大利画家达·芬奇说得更形象，画是"哑巴诗"，诗是"瞎子画"。教材中杨万里的这首《晓出净慈寺送林子方》，就描绘了一幅美丽的西湖夏日莲池图。将古诗的意境美与绘画的画面美相结合，在深入体会古诗意境的同时，开发学生的多元智能，是我教学设计的出发点。

教学时，首先给学生放一段西湖莲池的录像，在学生脑海中建立起一幅直观的图像，再让学生在教师指导下的自读自悟中着重体会荷花的红、荷叶的绿。通过同自学此诗时所画的画相比较，感受自学时对这首诗的理解与学完这首古诗后的理解有何不同。从而，在比较中体会古诗的画面美，理解诗人的思想感情，轻松地解决本课的教学难点；启发学生对诗中所描写的景物进行想象。最后，让学生给自己的画配诗，诗画交融，自成意境。

在学生理解诗意及作者的思想感情后，通过与苏轼的《饮湖上初晴后雨》相比较，更深入地体会古诗的内容、写法，理解作者们对西湖美境的赞叹热爱之情。

古诗有着自身的节奏美、韵律美，诵读是感受这一美感的一种方式。学生自己的初读，可读准古诗字音，了解古诗大意；教师指导下的朗读，可使学生诵读成韵；配乐朗读可将学生带入古诗意境，品出诗中之味。"读"贯穿于教学的各个环节，起着不可替代的作用。

以上设计，从开发学生的语言智能、视觉空间智能、音乐智能入手，带动其他智能的发展，并落实语文的听、说、读、写训练，为古诗教学及在课堂40分钟内发掘学生的多元智能提供了一条新的思路。

教学目标

1. 理解诗意，体会诗歌所描绘的意境，感受大自然的美丽景色，欣赏美，感受美，受到美的熏陶。
2. 学会本课生字词，理解诗句的意思。
3. 能想象诗所描绘的画面并画出来。
4. 有感情地朗读课文，背诵课文。

教学重点

理解诗句，想象诗歌描绘的画面，体会诗人表达的思想感情。

教学难点

1. 理解诗中"无穷碧"、"别样红"的含义。
2. 想象诗所描绘的夏日西湖莲池图，用语言进行描述。

教学过程

教学流程	教师指导	学生活动	设计意图
旧诗导入 感受古诗 画面	背诵古诗《饮湖上初晴后雨》 看一段夏日西湖莲池的录像	背诵《饮湖上初晴后雨》 看夏日西湖莲池的录像	通过背诵同样描写西湖美境的诗，引出新诗，感受诗歌所描写的画面，发展语言智能、视觉空间智能

续表

教学流程	教师指导	学生活动	设计意图
破题正音 初步感知	1. 指导理解诗题含义，读准"净慈寺"三字的音。 2. 自读古诗，读准字音。	理解古诗题目含义，自读、同桌读、多种形式读（相互听，纠正读音，初步感知古诗内容）。	初步了解诗歌描绘的时间、地点、人物、事件，调动学生人际交往、内省智能参与学习，在互动中读准字音，初步了解诗歌大意。
初疏诗意 形成画面	你对这首诗有什么样的理解？这首诗写得最美的地方是哪里？读后两句。	思考、交流 听配乐朗诵，想象古诗画面，交流感受。	培养学生自学诗歌的能力，将诗歌与音乐融合，在学生头脑中形成画面。音乐、视觉空间、语言智能得到交汇发展。
自悟评图 疏通诗意	1. 看自学此诗时画的画，当时的理解和现在学完此诗后的理解有什么不同？ 2. 把这首诗的意思连起来说一说。	观察图画，自省评图再次理解，连说诗意	从发展学生内省智能、视觉空间智能入手，让古诗画面在学生头脑中清晰展现，更准确、更深刻地理解古诗内容。
体会情感	这首诗表达了诗人怎样的情感？指导学生有感情配乐朗读、背诵。	交流感受 自读 配乐朗读 背诵	语言、视觉空间、音乐智能相互作用，领悟古诗意境，达到品味古诗的最高境界——领会意境美。
拓展学习	比较两首描写西湖的古诗，它们有哪些不同？朗读时应怎样表现？指导朗读、赞美西湖。	比较发现 讨论交流 朗读赞美	教给学生学习古诗的方法，深入理解古诗中所蕴含的诗人情感，综合发展各种智能。
配诗配画	把这首美妙的古诗配在你自己的画上，给黑板上的诗配画。	给古诗配画 给画面配诗	诗画相融，情景交融，语言、视觉空间等智能相互作用、相互促进，将古诗学习推向高潮。

课堂实录

（一）旧诗导入

师：人们常说"上有天堂，下有苏杭。"西湖更是杭州一颗璀璨的明珠。昨天，我们和诗人苏轼一起游览了初夏雨后的西湖，这是怎样的西湖呢？

生：齐背《饮湖上初晴后雨》

（二）看录像，感知诗歌画面

师：烟雨西湖，山光水色俱是一片迷蒙。今天，我们将与另一位大家已经很熟悉的诗人杨万里一起再游西湖。（放录像）

（生看录像）

师：今天你游的西湖又是怎样的呢？

生1：今天我们游的西湖又是另一番美丽，有碧绿的荷叶，还有红色的荷花。

生2：今天我们游了六月的西湖，六月的西湖美不胜收，荷叶是绿色的，荷花是红色的。

（三）破题，理解诗意，体会诗人情感

1. 破题正音：

师：孩子们说得真好，夏日的西湖可真美啊，于是诗人发自内心地赞美它，写下了一首——

生：齐读课题（师正"净慈寺"三字的音。）

师："晓"是什么意思？

生："晓"是早上的意思。

师：根据文中的注释，谁来说说这首诗题目是什么意思？

生：这首诗题目的意思是：早上走出净慈寺送别林子方。

师：这个题目短短九个字，点出了事情发生的时间、地点、人物，

非常简洁高妙。诗人的题目取得妙，诗写得更妙，让我们一起来读一读这首古诗，听听谁读得最好。

（生自读或采用同桌相互听读、四人小组齐读等多种形式读该诗）

2. 初步感知：

师：孩子们课前都做了预习，通过注释，你对这首诗大体有了什么样的了解？

生1：我理解了"毕竟"的意思，"毕竟"就是到底的意思。

生2：我理解了"风光不与四时同"的意思，它的意思就是六月的风光和其他几个季节的都不同。

生3：我读懂了"接天莲叶"的意思，它是指荷叶非常多，无边无际，到了天边。

生4：我还知道了这些荷叶非常绿，是"无穷碧"。

生5：我从"映日荷花别样红"中读懂了在太阳映照下的荷花红得非常可爱。

……

3. 初疏诗意，形成画面

师：你认为这首诗写得最美的地方是哪里？

生：我觉得写得最美的地方是最后两句"接天莲叶无穷碧，映日荷花别样红"。

师：听老师读后两句，请同学们闭上眼睛边听边想，你心中西湖的荷花荷叶是怎样的？（师配乐朗读最后两句）

师：你心中西湖的荷花荷叶是怎样的？

生1：西湖的荷叶非常多，无边无际的，西湖的荷叶非常绿，墨绿墨绿的。

生2：西湖的荷叶不仅有墨绿色，还有翠绿色、鲜绿色，各种各样的绿，非常美丽。

生3：荷花非常娇艳，在阳光的照耀下，红得特别可爱。

生4：红得就像小孩子的脸一样，红扑扑的。

……

师：孩子们说得真好，六月的西湖莲池可真美啊！仔细瞧那荷叶，绿得发光，绿得鲜亮，有的呈鲜绿色，有的呈翠绿色，还有的呈墨绿色，一层又一层，最后连成一片，茫茫地跟蓝天相接。荷花在阳光的照射下，红得特别可爱，粉嫩嫩的、娇滴滴的、羞答答的，和孩子的脸一样娇嫩欲滴。

4. 自悟评图，疏通诗意

师：孩子们预习时都读了这首古诗，将这首诗变成了一幅画，请孩子们把画拿出来。学了这首诗再来看看我们初读时画的画，看看自学时对古诗的理解和我们现在学完后对古诗的理解有什么不同？

生1：我自学时画的画，荷花都是一样的绿，都是墨绿色，没有画出诗中描写的各种各样的绿。

生2：我画的荷花太红了，这是早上太阳映照下的荷花，应该是粉红色的，不该是大红色的。

生3：莲叶应该是无边无际的，一直接到天的尽头，我画的莲叶太少了，只有稀稀拉拉的几片。

师：看来我们今天学了这首诗后，孩子们对诗的理解真的比昨天预习的时候深刻多了。

师：谁把这首诗的意思连起来说一说。

5. 体会情感：

师：孩子们说得真好，那么诗人为眼前的美景写的这首诗表达了他怎样的情感呢？

生1：表达了诗人对西湖的热爱之情。

生2：表达了诗人热爱大自然的情感。

生3：表达了诗人对美的热爱。

师：诗人的这首诗是对美的赞扬，对大自然的歌颂。我们都读懂了诗人的心，让我们也带着这种感情来读一读这首诗。老师为你们配上音乐，自己准备30秒钟。

（生自读古诗，配乐朗读、背诵古诗）

师：诗写的是西湖的美景，与题目有联系吗？

生：有联系，诗歌的内容写的是诗人早上走出净慈寺所见到的。

师：那么，诗歌的题目应该怎样补充才是完整的？

生：应该这样补充：早上走出净慈寺送别林子方所见到的西湖美景。

师：让我们都作为诗人，当我们早上送别朋友走出净慈寺时，看到了一幅无边的美景。让我们一起来赞美它！

（配乐齐读背诵）

（四）拓展学习

师：昨天我们学习了苏轼的一首描写西湖美景的诗——《饮湖上初晴后雨》，让我们一起来读一读。（生齐读）

师：这首诗描写的也是西湖。同样是西湖，在不同的诗人眼中，它的美景却是不同的。对比这两首古诗，你从哪些方面体会到它们的不同？

生1：《饮》写的是雨后的西湖，《晓》写的是早上太阳照射下的西湖，它们写的是不同时候西湖的景色。

生2：《饮》写的是乍晴乍雨时西湖的柔美，《晓》写的是太阳照射下西湖艳丽的美境。

生3：《饮》写的是"淡妆浓抹总相宜"的西湖，西湖无论在什么情况下都很美。《晓》写的是"风光不与四时同"的西湖，是西湖独特的美景。

……

师：既然不同，朗读时的语气应该有什么不同？

（女生读《饮》，男生读《晓》，对比读。）

师：这两首诗虽然有许多不同，但有一点却是相同的，是什么？

生：这两首诗都是诗人对西湖的赞美。

师：是啊！迷人的西湖，变幻莫测的西湖，四时风光皆不同的西湖，难怪诗人会情不自禁地赞美道——

生齐读：欲把西湖比西子，淡妆浓抹总相宜。

（五）配诗配画

师：孩子们，你们想把这首美妙的古诗配在你自己的画上吗？拿出笔，在你的画上配上这首小诗。注意，那么美的一幅画可不能配上很丑的字哦！老师黑板上的诗没有画，谁来给它配上画？

（学生给画配诗，给诗配画）

师：把我们的作品送给深爱我们的爸爸妈妈吧！——孩子们在音乐声中走下座位，将诗画作品送给爸爸妈妈。在浓浓的欢声笑语中，教学结束。

课堂实录：《初冬》

郑常玉

课前设计

美国哈佛大学教授霍华德·加德纳经过多年的研究并不断完善自己的观点，最终提出人类有八种智能类型：语言文学智能、音乐旋律智能、数学逻辑智能、视觉空间智能、身体运动智能、人际关系智能、自我认识智能、自然观察智能。

传统的语文课堂教学过分强调语法和句型操练，过分强调"双基"，即基础知识和基本技能。新型的语文课堂教学要从多元智能理论出发，进行跨学科的教学设计，各学科间相互交叉、相互渗透。也就是说，在开发语言智能的同时，抓住每一个最佳时机，充分开发其他方面的智能，使大脑各部分协同工作提高学习效率，并提高学生的语文学习兴趣。

《初冬》是小语教材第三册第八单元的第一篇课文。在指导学生学习这篇课文时，我以多元理论为指导，重视从学生的自身生活和社会生活出发，引导学生自由探索，激发学生多项智能的全面发展。

（一）运用录音开发语言智能，激发朗读热情

让学生有感情地读好课文，是朗读要求的一个重要方面。录音机不仅具有播放功能，而且还可以把学生的朗读录下来，放给学生听，增强学生的成就感，再与课文录音范读进行比较、分析，寻找不足，积累经验，为今后的朗读训练提供借鉴，同时，提高学生的朗读兴趣，激发他们的朗读热情。在教学《初冬》时，我采用了这种方法，取得了良好的效果。

（二）运用小组合作开发人际关系智能

教育的四大支柱之一是"学会共处"，它是现代人不可或缺的一种能力。语言是用来交流的，所以在语言学习过程中让学生学会与人交流、与人合作，不仅是语言学习的有效途径，而且是开发人际关系智能的好机会。在教学《初冬》时，我将学生作为学习的主人，给学生充分的交流讨论的空间，使学生在获取知识的同时，人际关系智能得到发展，懂得与人交流，也是学习的一种重要方式。

（三）用绘画开发视觉空间智能

多元智能理论指出：教师重视培养学生的观察能力和空间想象能力，不仅在学生的学习中充分发挥形象思维的重要作用，而且可以培养学生重组大脑中业已存在的各种信息的再造想象能力，为学生创造想象的发展奠定良好的基础。在设计《初冬》一课的板书时，为了给学生

展示出初冬景色的不同，我采用了简笔画的方式，使学生具体领略到雾前雾后的景色变化。为了指导学生理清文章脉络，我自制了电脑课件，将文章脉络清晰地一一展现。

教学目标

1. 学习本课10个生字，理解新词。
2. 了解初冬农村雾前、雾后的景色和特征，培养学生观察大自然的兴趣和对大自然的热爱。
3. 有感情朗读课文。

教学重点

了解初冬雾中、雾散时的美丽景象。

教具准备

1. 柿子树的贴画。
2. 音乐磁带和录音用的空白磁带。
3. 课件。

教学过程

教学流程	教学指导	学生活动	设计意图
引入新课	1. 谈话激趣 2. 讲解初学	思考	理解"初冬"这个课题
初读课文整体感知	1. 配乐范读 2. 引导自学	找到初冬早晨最大的特点、自学、小组讨论	引入音乐来帮助初步感知课文，小组交流学习促进学生人际交往智能的发展。

续表

教学流程	教学指导	学生活动	设计意图
学习1~4自然段	1. 大雾中你看见了什么，它们是怎样的？ 2. 简笔画板书。 3. 引导比较，理解	朗读1~4段思考、比较、回答问题、配乐朗读	将语文与美术结合使语言文字具体化，促进学生的理解，发展学生的空间智能，用音乐来激发学生学习兴趣。
学习5~8自然段	雾散后的景色是怎样的？和雾中有什么不同？	1. 比较思考 2. 学生修改老师的柿子树 3. 想象	将美术引入课堂，培养学生的观察能力和空间想象能力，培养学生重组大脑中已存在的各种信息的再造想象能力。
总结全文	指导配乐朗读、背诵、录音	学生自己背诵、配乐朗读	激活音乐智能，激发学生学习兴趣，进入愉快学习的境界。录音能帮助学生找到朗读中存在的不足，促进学生内省智能的发展。

课堂实录

（一）谈话引入，揭示课题

师：同学们，随着秋天一片一片树叶的飘落，冬爷爷就要穿着白袍子来到我们中间了。（电脑课件出示：冬）他会给小山、田野、树林披上白纱，这个时候就是初冬的季节。初冬的景色就像神话世界，美妙极了！我们今天学习的课文讲的就是小山村初冬季节的景象。（电脑课件出示：初）

师："初"是什么旁？是什么意思？

生："初"原意是说做衣服的第一件事，即用刀裁布，所以左边是衣字旁。现在指事情刚开始的意思。

师：那么"初冬"指的是什么时候？

生：冬天刚开始的时候。

师：那么春天刚来的时候叫什么？夏天刚来的时候呢？秋天刚来的时候呢？

生：初春、初夏、初秋。

（二）初读课文，整体感知

师：听老师读课文，边听边思考：北方初冬的早晨最大的特点是什么？
（教师配乐范读课文）

生：最大的特点是有雾。

（电脑课件出示：大雾）

师：（出示自学提纲，抽读）按学习要求自学，自学后小组讨论。

自学提纲：

1. 自读课文，读准字音，学习生字。
2. 标出自然段。思考：课文从哪个自然段开始写雾散后的景色呢？

（分自然段抽读课文，检查朗读情况，抽读生字卡片）

师：课文共有几个自然段？从哪个自然段开始写雾散后的景色的？

生：课文共有8个自然段。从第五自然段开始写雾散后的景色。

（三）学习1~4自然段

（齐读1~4自然段）

师：大雾中你看见了哪些景物？它们是怎么样的？

生：看见了田野、树林和太阳。田野和树林看不清，太阳一点都不耀眼。

师：还有什么东西看不见了？为什么？

生：还有塔和小山看不见了。因为它们在远处，雾很大。

（电脑课件出示：塔、小山、田野树林、太阳、望不见、看不清、不耀眼）

（抽读1~4自然段）

师：课文里用上了两个词语："看不见"、"望不见"，"看"和"望"意思一样吗？为什么前一句用"望"，后一句用"看"？

生："看"和"望"的意思是一样的。但"望"一般指向远看，"看"呢，指比较近的地方。

这里用了"看"和"望"既不重复，而且用得准确。

（学生齐读课文，教师在黑板上画出雾中的景色）

（分男、女生配乐朗读，一边看黑板，欣赏雾中美丽的景色。）

师：把你看到的景色，用书上的语言给同桌讲一讲。

（学生同桌交流）

师：能不能加上动作，有感情地背诵这四个自然段？

（学生大部分能有感情背诵这四个自然段）

（四）学习第 5~8 自然段

师：我们已经被雾中朦朦胧胧的景色陶醉了，雾散后的景色又是什么样呢？请同学们自读 5~8 自然段，看看雾散后景色有什么变化。

生1：下雾时，远处的塔、小山都望不见了。雾散时，远处的塔、小山都望得见了。

（教师出示电脑课件。在黑板上画出远处的塔和小山）

生2：下雾时，近处的田野树林都看不清。雾散时，近处的田野树林都看得清了。

（教师出示电脑课件。在黑板上画清楚田野和树林）

生3：下雾时，太阳像个红球，发出淡淡的光。雾散时，太阳射出光芒来。

（教师出示电脑课件。在黑板上画出太阳的光芒）

师：雾散了，我们看清了远处的塔和小山，近处的田野树林，太阳也射出光芒来。让我们一起来读读 5、6 自然段，感受大自然的神奇。

（学生齐读 5、6 自然段）

师：雾散后，我们还看清了什么？

生：看清了柿子树。

师：我请一个同学读出描写柿子树的句子。

（抽读句子）

师：老师这儿也有一棵柿子树，你觉得和你看见的柿子树一样吗？

（教师在黑板上贴出一棵柿子树，树上的柿子很小，颜色是白的，而且只有两三个）

生1：我有意见。老师的柿子树和我在书上读到的不一样。书上的柿子很大。

师：把你的根据读出来。

（生读句子）

师：请你来修改老师的柿子树。

（学生到黑板前来修改）

生2：我有意见，书上的柿子是红色的，像红灯笼。

师：把你的根据读出来。

（生读句子）

师：请你来修改老师的柿子树。

（学生到黑板前来修改）

生3：我也有意见。书上写的柿子很多。

师：把你的根据读出来。

（生读句子）

师：请你来修改老师的柿子树。

（学生到黑板前来修改）

师：同学们观察得真仔细。我们一起把第7自然段读一读。

（学生一起读7自然段）

师：除了看清大柿子，还看清了什么？

生：树林里的黄叶。

师：黄叶是怎样的呢？谁来读给我们听一听。

（抽读第8自然段）

师：闭上眼睛，现在，你走在树林里，脚下是厚厚的黄叶，你踩踩，有什么感觉？

生：我觉得十分柔软，像走在厚厚的地毯上。

生：我觉得好舒服啊，真想在上面打几个滚。

……

师：还有绿色植物吗？

生：有。

师：读出来。

师：雾散后的景色美不美？想不想把这部分背下来？你可以用一边读一边想象的方法练习背诵，也可以用一边读一边看图的方法练习背诵。

（学生练习背诵）

师：已经能背诵的同学一起来背诵。

（五）总结全文

师：同学们，你们真了不起！不但读出了感情，还能背诵课文了！让我们亲眼看看小山村初冬早晨的美景吧！请同学们看黑板，一边欣赏一边背诵课文。

师：我们把同学们的朗读录下来，同学们自己来听听自己的朗读，看看还有什么地方需要改进的。

（学生配乐朗读课文，进行录音）

课堂实录：《Let's chant!》

刘文可

指导思想

以新课程思想为指导，运用多元智能理论在教学中采取多种教学策略开发学生的各种智能，引导学生在体验、参与、合作与交流的过程中形成积极的学习态度，提高课堂整体效益。

教材内容设计

英文儿歌因其有韵律、节奏感强，十分符合低段儿童学习语言的心理需求，受到孩子们的喜爱。但由于句式不完整、含义生涩、无交际性等原因，教学时易流于表面，缺乏思维的训练和创造能力的培养。因此，我根据学生的思维水平将课文内容的呈现做了一定置换，同时，采用不同方式设计情景，训练和培养学生的思维和创造能力。因内容扩展的需要，我将原文中的介词"in"改成"into"，使其更加符合规范的表达方式。

教学策略

充分尊重学生不同的智能特点，采用多种教学策略促进学生在观察、记忆、思维、口语表达等方面得到发展，在引导学生完成一系列由浅入深、循序渐进的任务后培养学生形成有效的学习策略。

教学内容

Unit 5 Let's chant!

教学目标

认知目标：

能理解、掌握并运用存在句型。

能理解、掌握并正确使用跑、跳、走等动作的词语。

能熟练地说唱整首儿歌。

情感态度目标：

学生能在教师创设的各种情景中表现出较高的学习积极性。

学生能在体验和实践活动中发挥自身的优势智能，感受成功的快乐。

学生能发挥合作精神参与活动、完成任务，并在此过程中增强自信心。

能力目标：

学生能在迁移、运用的学习过程中形成一定的创造性思维能力。

学生通过听、说、读等学习活动形成一定的综合语言运用能力。

学生通过观察、思维、模仿、记忆、口语表达、创新等活动形成有效的学习策略。

教学重点

学习儿歌内容并做相应扩展。

教学难点

对儿歌含义的理解及迁移使用。

教具准备

句型卡片；图片：柠檬、风筝、袋鼠、吉普车等；头饰：飞机、小轿车、公共汽车等交通工具；CAI教学软件；录音磁带；玩具。

教学过程

学生活动	教师指导		设计意图
师生问候，学生观察、思考并回答老师问题。	师生问候后简单描述上课地点。Here is our new classroom. It's clean and bright. I like here. Do you like here?		营造愉快的气氛，为课题引入埋下伏笔。
学生回答问题后，积极参与猜词游戏。使用句型：Is it…？	教师设问：What can you see in our new classroom? 得出答案后将风筝卡片藏入吉普车内，请学生猜词。		利用游戏调动学生的学习积极性，并在参与的过程中启发思维、练习口头表达能力。

续表

学生活动	教师指导		设计意图
新知一 扩展 Guessing Game and description	教师将学生猜到的答案以本课重点句型的形式板书出来，并进行操练。在得出第二次答案时启发学生使用重点句型，第三次请四人小组合作学习。在此过程中启发学生使用肢体动作参与学习、理解和记忆。	观察、理解、倾听、模仿、思考。积极参与猜词活动，根据图像总结如何正确使用句型并积极参与小组活动和集体操练活动。	让学生在创设的情景中自主地学习，提高创造能力。发挥肢体运作智能较强的学生的优势，参与学习、展现自我。培养和锻炼学生的人际交往智能。
新知一 运用 Competition	组织两组竞赛。	学生看卡片练说句型，两位学生分别代表两组参加听音贴图比赛。	训练学生的听力、口语表达能力。营造热烈、紧张、愉快的气氛，增强凝聚力。
新知二 引入 CAI呈现	配合CAI图像，教师设问： What's this in English? The monkey wants to get into the jeep. But how can he get into the jeep? Can he fly into the jeep? Can he swim into the jeep? 将过程呈现后，板书句型，并操练。	观察、思考，并回答问题。操练句型。	采用图像和表情、动作等方式启发学生思考问题，达到理解句型的目的。
新知二 扩展 VCD	教师根据画面设问： What is he doing? What are they doing?	观察、辨析、思考并回答问题。全班操练。	选用不同的生动的画面进一步增强句型的理解和口头表达能力。与此同时，发展学生的视觉空间智能。
新知二 运用 Game	教师组织学生参与游戏活动。	一部分学生认读卡片后发出口令，另一部分扮演不同角色，听口令做动作。	帮助学生练习认读、理解、听力等能力。帮助学生提高肢体协作能力。营造热烈的课堂氛围。

续表

学生活动	教师指导		设计意图
课文的理解记忆和运用 CAI、听录音	根据 CAI 画面，教师用形象、简洁的语言描述儿歌的第一段。放录音，请全班练习。	观察、理解、倾听、记忆并练习。	创设情景帮助学生理解，培养学生倾听的学习习惯，提高口头表达能力和增强节奏协调性。综合提高学生的音乐智能、身体运动智能和语言智能。
扩展运用 Mission	教师做示范，以小组为单位分发各种物品创设不同情景。	小组合作学习，根据材料新编儿歌。	充分发挥学生的自主学习能力和创造能力，培养团结协作的精神，提高综合语言运用能力。综合培养学生的语言智能、视觉空间智能、人际关系智能以及自然观察智能。

课堂实录

（一）

T：Who's on duty today?

S：I am. Stand up.

T：Good morning, boys and girls.

Ss：Good morning , Miss Liu.

T：How are you today?

Ss：I'm fine, thank you. And you?

T：I'm very well. Thanks.（老师和学生互相握手）Sit down, please.

(二)

1. T: Close your eyes, please. (老师将吉普车卡片贴在黑板上)

T: Now, you could open your eyes. What can you see?

S: I can see a jeep.

T: Oh, yes. There is a jeep. Very good.

2. T: Look. This is the door of the jeep. I open it and put sth. in the jeep. Then I close the door. (老师将吉普车门打开,快速地放进一张图片,然后关上门。)

T: Now, let's play a guessing game. What's in the jeep?

S: Is it a guitar?

T: No, it isn't.

S: Is it a kite?

T: Let's take a look. (打开车门) Oh, yes. There is a kite in the jeep. (老师板书这句话并重复教学生读二至三遍,然后分两组比赛。)

T: Who'd like to speak the sentence with actions?

S: There is a kite in the jeep. (学生边说边辅以很形象的动作。) 男生、女生比赛。

3. T: What's this in English? (老师手中拿一张袋鼠的图片)

Ss: It's a kangaroo.

T: Look. It's a kangaroo, too. (老师另外拿一张小袋鼠的图片) Compare these two kangaroos. Which one is big? Which one is small?

S: It's a small kangaroo. It's a big kangaroo.

T: There is a kite in the jeep. And a big kangaroo. (老师一边说一边将大袋鼠的图片放进吉普车内,然后板书后面一句话。教读两遍,请学生将两句话连在一起说,并请一位学生边说边做动作。)

4. T: Now, I take the kite out and put sth. else in the jeep. (老师将风筝拿出来,然后另外放了一样东西进去) Let's keep on guessing.

S: Is it a lemon/ an orange/ a guitar/ a banana/ an egg?

T: No, it isn't.

S: Is it juice in the jeep?

T: Let's take a look. Oh, yes. There is juice in the jeep.

T: Who can say sth. about this picture?

S: There's juice in the jeep. And a big kangaroo.

T: Exellent. You can get a star. （学生去摘奖励的小星星）

T: By the way, who can spell the word " juice" ?

S: J – U – I – C – E, juice.

T: Very good. （板书该词并贴上图片）

全班齐练习两遍。

T: Who'd like to speak the sentences with actions?

学生边说边辅以很形象的动作。

请学生分小组练习。

5. T: Look. I take the juice out and put another in it. Firstly, who can tell me what this is in English? （老师手拿柠檬的图片问）

S: It's a lemon. L – E – M – O – N, lemon.

T: Could you practice in 4 to try to describe this picture?

学生分组练习后竞赛，全班练说。

6. T: Let's play a game, OK?

Ss: OK!

T: I need two volunteers. One represents Monkey Team, the other represents Tiger Team. If I show you this picture, all of you should speak the complete sentence " There is a jacket in the jeep. " Then you two should pick the correct picture out and stick it on the blackboard as fast as you can. OK?

两组学生游戏，竞赛。

(三)

1. T: Look at the TV. What's this in English? And this? （CAI 软件相继出现吉普车和猴的图像）

Ss：It's a jeep/ a monkey.

T：The monkey wants to get into the jeep.（出现猴想象进入吉普车的图像）But how can he get into the jeep?（留时间让学生思考问题）Can he fly into the jeep?

Ss：No, he can't.

T：Let's take a look.（出现猴跳进吉普车的图像）Oh, he can jump into the jeep.（老师板书此句两遍，形成完整的儿歌内容。）

2. T：Pay attention to this word and say after me, "into".（教学生复读）

T：（老师手拿一个盒子，然后用另外一只手做动作，不同的动作启发学生回答）jump into/ fly into/ swim into/ walk into/ run into

3. T：Let's keep on watching.（CAI 软件播放一些动作）

T：What is he doing? / What are they doing? / What are the animals doing?

S：He is jumping into the train. / They are running into the plane. / They are walking into the train. / He is flying into the train.

4. T：Let's play another game, OK?

Ss：OK!

T：What's this in English?（老师出示头饰卡片）

T：It's a bus/ boat/ plane/ train/ jeep/ car.（分别请六位学生扮演不同的交通工具）

T：The passengers should repeat the order which they heard and do the actions until they arrive the destination. Others should read the orders aloud. 学生玩游戏。

Walk into the jeep/ run into the train/ walk into the bus

Fly into the plane/ swim into the boat/ jump into the car

（四）

1. T：Look at the TV. It's summer. The sun's very hot. There is a mon-

key and a kangaroo. They're thirsty, hungry and tied. Suddenly, they see a jeep. They're very happy. They jump into the jeep. The kangaroo says: There is juice in the jeep. The monkey says: And a big kangaroo. （CAI 软件出现一系列动画，老师用语言进行解说。）

2. T: Look at the blackboard and listen.（老师将儿歌配打击乐说唱一遍）

T: Could you practice in 4 to try to say the rhyme?（学生分四人小组练习）

全班说唱儿歌。

（五）

1. T: I'd like to invite sb. to be a bird. And a car.（老师请两位学生分别饰演不同角色）According to this scene, I make up a new chant.

Fly into the car.

Fly into the car.

There's a ball in the car.

And a small guitar.

T: Each group has some materials. Could you make up a new chant according to these things? Please practice in 4.

2. 学生充分练习后，分组将新编儿歌表演一次。

3. T: Class is over. Goodbye, boys and girls.

Ss: Goodbye, Miss Liu.

课堂实录：一堂多元智能英语课

张希敏

课前设计

在八九岁的孩子眼中，世界就像一个游乐场。任何事物都要被他们贴上"标签"：这个好玩；这个有趣；这个嘛，哎，没意思，一边儿歇歇吧……我有时想，自己的英语课该被孩子划分到哪一类中呢？

我也曾经看过一些英语课。老师在一节新课当中运用了很多游戏活动，几乎是以游戏为主，学习为辅。老师的良苦用心我们都明了，试图以活动吸引学生，达到教学效果。但在课堂上，学生们的小脑瓜才不像你想的那么简单呢，他们好奇，他们贪玩，他们争强好胜，学习似乎都不重要了，结果只剩下老师在课后怅然若失，好像这节课孩子学到的东西并不多……

孩子的需要就是我们努力的方向，但我们老师同时也要有自己的指导思想。我们既要想方设法地为孩子提供良好的课堂氛围和积极参与的机会，又不能削足适履，为做游戏而做游戏，为搞活动而搞活动。总之，教学活动的一切设计都是为了让孩子得到更多学习的体验和习得更多有用的技能。

因此，我在教学中运用了多元智能理论。在这种先进理论的指导下，利用学科间的融合，我很快找到了课程引入的切入点，重难点的突破口，知识运用和迁移的好场景。同时我提升了英语课的教学质量和效果，使我的注意力尽量散播到了每一个孩子的身上。有越来越多的孩子乐于参与到英语课的各项活动中来，并体会到了成功的欢乐。

下面就是我运用多元智能理论上的一节家长开放日课，希望与同行们共勉。

教学内容

I am tall. You are short. I am old. You are young. He is fat. She is thin.

教学目标

语言习得目标：学生学会六个新单词：tall, short, old, young, fat, thin；学生学会用句型 I am… You are… He is… She is…描述一个人的身材和老幼。

情感目标：尊老爱幼，做一名有爱心的小朋友。

教学重点

新单词的理解和运用

对一个人的准确描述

教学难点

old 和 young 的演示，理解和运用

fat 的演示要避免对学生自尊心的伤害

教学过程

教学流程	教师指导	学生活动	设计意图
复习旧知	师与生打招呼，生与生打招呼，练习已学过的句型。拉近与学生的距离，营造轻松的氛围。	与老师及同学打招呼，复习学过句型。	从情感上拉近师与生，生与生之间的距离，为下一步的新知引入作好心理上的铺垫。运用发展语言智能和人际交往智能。

五　语言智能

续表

教学流程	教师指导	学生活动	设计意图
新知引入	1. 师在黑板上画一只骆驼和一只老山羊。让学生猜测这节课学习的内容。 2. 通过骆驼和山羊的口演出新知：Hello, I am camel. I am tall and young. Hello, I am goat. I am short and old.	1. 观察老师的简笔画，猜测本节课的主要内容。 2. 初步感知新知：语音、语调、情感。猜测新知的大概意思。	通过观察猜测老师的画和语言，调动语言智能，视觉空间智能和内省智能，发挥自主学习的能动性。了解本课的主要内容和初步感知语言。
进入正题练舌正音	1. 再次演示骆驼和羊的自白，同时出示新单词tall, short, old, young。 2. 教授新单词，大面积多元化训练单词的发音。	1. 再次加深新课程的印象，深入理解句型意思。接触单词拼写。 2. 学习单词词义和发音。	运用语言智能，肢体运作智能等，通过形式多样，丰富多彩，结合肢体语言的单词操练，强化学生对单词的理解，正确的读音和持久的记忆。
继续主题句型操练	通过师与生身高的比较，很容易引出：I am tall. You are short. 通过教具拐杖的使用，引出另一句：I am old. You are short.（板书）	1. 学会说整个句型。 2. 学会在老师创设的情景下使用句型。 3. 学会用此句型形容班上的同学，即学会运用。	在句型的操练上，老师发挥的余地更大，学生也觉得可以自如地运用语言了，更加充满了兴趣。此阶段通过师为生创设的情景以及生自己设计的情景练习了新句型的使用。发展了学生的语言智能，人际交往智能以及肢体运作智能等。
拓展学习	游戏：hammer what? 巩固新知。复习句型及单词He is fat. She is thin.	在游戏竞争中学英文。	游戏是孩子的天性，让他们在游戏竞争中学习是保持兴趣，加深印象和培养健康心理的好方法。此环节可以运用到孩子的语言智能、视觉空间智能、逻辑智能、肢体智能、人际交往智能等。
结束部分	多媒体先展示一首歌的歌词，再播放歌曲的旋律。	学生先齐读歌词，再和上旋律唱出歌曲。整堂课气氛达到高潮。	综合运用新知，多种智能并行，考察学生的认读能力和综合运用语言的能力。

课堂实录

（一）复习旧知。

Teacher（后简称 T）：Good morning, boys and girls.

Students（后简称 Ss）：Good morning, Miss Zhang.

T：Are you…? What's your name? Nice to meet you. How are you? What color is it?

Ss/ S：I am … Nice to meet you, too. I'm fine, thank you. It's …etc.

（二）新知引入。

（T 在黑板上画一只骆驼和一只羊）

T：This is a camel and this is a goat.

Ss：This is a camel and this is a goat.

T：So today, group one and group two are camel group, OK? And group three and group four are goat group, OK?

Ss：OK.

Ss（camel group）：Camel, camel, go! Go！Go!

Ss（goat group）：Goat, goat, go! Go! Go!

T：Hi, children, I'll act a short skit about the camel and the goat. Listen to me.（我站在 camel 的形象下，边做动作边说）Hello, I am a camel. I am tall. I am young.（我又站在 goat 的形象下，边做动作边说）Hello, I am a goat. I am short. I am old.（出示单词卡片再表演一次，将卡片贴在黑板上）

（三）进入正题，练舌正音。

T：（用升降调，高低音，用动作比划等方式教读新单词）

Ss：（齐读新单词；单个表演时用自创动作结合发音进行展示）

（四）继续主题，句型操练。

（师请一名学生起立）

T：Look, I am tall. You are short.（板书）

（教读句型）

Ss（齐读）：I am tall. You are short.

T（拿一把板凳，请一名学生站在板凳上）：Oh, you are tall. I am short.

S：Yes, I am tall. You are short.

T：Camel group stand up. Turn to goat group. What should you say?

Ss（camel）：I am tall. You are short.

Ss（goat）：I am short. You are tall.

T：Camel group sit down. Goat group stand up. Turn to camel group. What should you say?

Ss（goat）：I am short. You are tall.

Ss（camel）：I am tall. You are short.

T（拿出一根拐杖，装作年迈状，指着全班同学说）：I am old. You are young.

Ss：I am young. You are old.

（交换操练）

T：Practice with your classmates. You can do actions and make any necessary changes.

（一分钟后，各小组到讲台上来汇报表演他们自己设计的情景）

（五）拓展学习。

T（拿出两套一模一样的人物图片：一高一矮，一胖一瘦，一老一幼）：He's tall. She's short. He's fat. She's thin. He's old. She's young.

Ss（跟读，巩固新知，复习旧知）

T：Let's play a game. I do actions and you speak, OK? The two pupils on the front stick the correspondent pictures on the blackboard.

Ss：OK.

（做老师做动作，学生猜然后说单词。讲台上的两个同学把相应的图片贴在黑板上，比谁贴得快）

T（mute）：He's tall.

Ss（loudly）：He's tall.

（讲台上的两个学生用充气榔头敲打同学读到的单词，谁动作快，打得准，谁获胜）

（六）结束部分。

（先用多媒体展示一首歌的歌词，再播放歌曲的旋律）

Ss：You are tall. You are short. You are old. You are young. You are tall. You are short. You are old. You are young.

（全体唱出这首歌，在愉快的氛围中结束这节英语课）

六、视觉空间智能

让多元智能走向美术课堂

何岸臻

时代在不断进步，人们的思想也在不断地改变。面对时代的需求，我们的学校也有应变的政策或方式：如用多元智能理论指导我们的教育教学活动，改变我们的教学方式，以激发学生的学习兴趣，满足多样化学生的多元化学习需求；如通过组建多元智能特别学习小组，用团队学习和研究的方式推进多元智能优势智能扬长课程的建设。暑期中，通过进一步学习多元智能理论，我又有了新的认识、理解和感受。

（一）多元智能教学与新课标的理念是相辅相成的

霍华德·加德纳的多元智能理论认为，几乎所有的孩子都是聪明的！每个人都拥有九项智能：语言智能、逻辑数学智能、空间智能、肢体运作智能、音乐智能、人际智能、自我认识智能及自然观察智能（"存在智能"还在论证之中）。这些智能的不同组合及表现构成了每个人不同的智能结构。有的孩子的某种智能表现非常突出，呈显形状态，而大多数孩子的很多潜在智能有待于教师、家长和孩子自己去认识、挖掘、开发。这就为我们的美术课堂教学提供了新的课题——如何在美术教学中实施多元智能教与学的策略？如何在美术教学中扬学生所长、补学生所短，发展他们的各种智能呢？《美术课标》是以学习活动方式来划分学习领域的，加强学习活动的综合性和探索性，注重美术课程与学生生活紧密联系，使学生在积极的情感体验中提高想象能力和创造能力，提高审美意识和审美能力，增强对大自然和人类社会的热爱及责任感，发展创造美好生活的愿望和能力。从每个学习领域的内容来看它都是在发展学生的一种或者多种智能。就造型表现学习举例来说，它是运用描绘、雕塑、拓印等手段和方法，创作视觉形象和艺术活动。通过美术创作活动来传达观念、情感和意义的过程。我个人认为它实际上发展了学生的空间智能、肢体-动觉智能、自我认识智能及自然观察智能等四种智能。所以说在美术新课标下的美术课，从内容和目标都是与多元智能教学相辅相成的。

（二）创建有利于激发学生潜能的多元智能环境

研究表明，人类在出生之前就已具有各种智能发展的基础。加德纳认为遗传基因对智能可达到的程度可能有一个最高值。在现实生活中，人的智能要逼近这个极限的可能性很小。然而，如果我们能多为学生提供有利于某种智能发展的条件，那么几乎每个人都能在那一种智能的发展上取得一定的效果；反言之，如果学生始终不被接触开发某种智能的环境，那么其生理潜能无论多大，都不太可能被激发出来。这就告诉我们：只有为学生提供多元化的学习环境，他们的多元智能才有可能被激发出来，获得发展。以多媒体课件及网络为核心的教学工具提供了有利于学生多元智能发展的智能环境。学生利用多媒体计算机可以收集来自全球的各种资料和图片。虽然存在现有智能水平的差异，要尽可能涉及一些不同的智能领域，让学生享受到"智能公平"。

我有一个学生叫刘煜铮，一年级入学的时候据测查，她是一个各项智能都很平庸的孩子。虽然她本人对视觉空间情有独钟，但是无论从基本功还是创意来看她都非常普通。基于她执意要到空间智能扬长班学习一事我一直觉得"勉为其难"，所以我一直告诫自己和她的家长要不抛弃不放弃，要有耐心，勤能补拙。孩子一直在班里默默无闻地听课、画画。直到她四年级时一次创作画比赛，我居然从一叠绘画作品中惊喜地发现她完整而精致的作品。造型、色彩都有过人之处。后来我继续深入观察她，发现这个孩子有一股倔劲，各项职能都平庸的她从不放弃，在学校多元智能艺术节，多元智能课堂等各项活动中她都积极参加，尤其是来自家庭对她的各项职能的支持和肯定，她从中找到了自信。她在语言智能，肢体运作智能等方面都有涉足扬长学习。到六年级这只丑小鸭活脱脱成了白天鹅，她的美术作品频频获奖，奥数、作文也在区、市一级获奖，俨然成了学校耀眼的明星。从她的事件中我悟出只要创造良好的、多元的学习环境，有耐心、有恒心就能等到花朵绽放的时机。

（三）提供师生协同学习的机会

人际智能是多元智能中非常重要的一个方面，协同学习不仅能培养学生的交往意识和能力，开发学生的人际潜能，而且可以帮助、促进弱势群体，从而达到智能互补的效果。为实现学生间的优势互补，一般我们要在学生自愿组合的基础上引导他们进行异质性分组。当然，仅仅给学生分组并不能确保学生人际交往能力的提高，必须有目的地给予引导。人际智能的核心是留意自己和他人差别的能力，因此，在学生合作完成某一项任务的过程中，可以由学生通过对自己和他人能力、特长的分析，自行分工、把握进展速度。建立了合作小组后，教师要引导学生，让他们明白此时的学习光有兴趣是不够的，更需要有一种责任感。

当然，一开始可以是3~4人小组内的合作，当学生掌握了一定的合作技巧后，我们可以尝试全班同学之间的合作。比如，在上《玩偶大本营》这一课时，教师把全班学生分成几个小组。让大家首先欣赏教师制作的教具，鼓励大家观察发现，让同学们集体提出问题最后将各个小组的成果进行交流讨论，最后解决问题。在这个过程中，教师最好以参与者的身份介入，以便自然地发挥协同学习的作用。通过这种有意义的合作，学生逐渐明白团体的成功有赖于团体的协同努力，从而在小组中建立起一种积极的、相互依赖的关系。

（四）多元评价促进学生自我认知智能的培养

过去人们大多将语言和数学逻辑智能放在最重要的位置上，大部分智能测试都建立在这一基础上。多元智能理论给了我们一个启示：对学生学业成绩的评定必须要从多元的角度进行。作为美术学业评价的一种重要手段，作品的交流与评价显得越来越有效，它能较全面地对学生进行多元测评，如：作品的完整性、美观性、创造性、合作的有效性、自我评价等方面进行评价。学生作品的自我评价特别有助于学生自我认识智能的培养。由于各智能之间的联系性，这种自我评价的过程同样非常有助于学生语言智力的培养。作为教师，要给学生创设足够的安全感进行自我评价。作品评价，不应该只是在作品完成以后进行，而应该很自然地融合到整个学习活动中去。因为评价的目的不是为了评比，而是为了促进学生的自我认知，让他们做得更好。教师可以在课始提供一些现成的学生作品，让大家评判什么样的作品是美的、合理的。对学生范例的分析，不仅给出了一个较为形象直观的评价标准，而且可以开阔学生的视野，给他们以启发。一旦产生有创意的作品，教师应及时给予演播来引导学生努力的方向。比如《画太阳》一课，有个孩子画了各种各样不同大小、表情的太阳，甚至把太阳拟人化后，教师立即抓住机会展现给所有的学生。生动有趣的画面将学生的思路打开了，于是有的学生给太阳扎上了小辫子，有的带上墨镜，有的还吹胡子瞪眼睛，有的孩子还在太阳的额头上长了个打包，说那是不小心摔的……

加德纳认为：在一般的环境中，没有任何一种发展与别人无关。的确，我们是通过与别人的关系来认识自己的。因此，除了自我评价外，他人的评价同样显得十分的有意义。对于年幼的学生，可能教师评价的权威性倾向较重，而对于中学生来说，学生之间的互评是必不可少的，因为同伴的肯定与认可有时会比教师的肯定更有效。教师也可以发表自己的观点，但绝不是权威，评价并不是教师的专利。

为让每个孩子都有自我评价的机会，我们可以采取"档案袋"的办法。一个任务完成后，让学生自我分析一下，从各个方面对自己进行反思，使他们在反思中学会管理自己的学习，真正地将"学会学习"落到实处。

多元智能进课堂，就是换一种思维，换一个角度，换一种方法来教与学，用多元的策略，多元的眼光，就会收获多元的惊喜。

浅议通感教学在空间智能扬长课中的应用

何岸臻

看到一种花，或许你会突然联想到一种可口的点心；读到一首小诗，或许你会有畅饮醇酒或品尝香茶之感；赏一幅佳作，或许你会恍若置身高山流水跌宕起伏的美妙旋律之中……这种把视觉诉诸听觉，或将听觉诉诸味觉等的现象，修辞上称之为"通感"。而在我看来，学习的过程就是人脑各种智能共同参与，产生通感的过程。那么，如何调动学生的各种智能共同参与，产生通感呢？"通感"运用到空间智能扬长教学中，会出现怎样的效果呢？

心理学家认为，人的视、听、嗅、味、触等各种感觉都能产生美感，同时人的眼、耳、鼻、舌、身等各个感官在感受外物时，也常常会"心有灵犀一点通"。作为一名空间智能扬长课程教师，我认为我的课堂应该是唤醒各器官产生共鸣的课堂，我的任务应该是设计一些多元开放的活动，创设各种合适的机会，激发学生运用各种感官、各种智能，去探索不同的材料和表现方式，最后通过观察体验、收集资料、合作探究、共同创作分享等活动，达到通感的境界，让每一个渴望在空间智能课堂上绽放的孩子享受成功。

下面以"画菊"为例，介绍我在空间智能扬长课中调动学生各种智能共同参与，产生通感的几点尝试。

第一部曲：在诗词歌赋中唤醒通感

法国大作家雨果曾把音乐比作开启人类智慧宝库的钥匙。音乐能开启学生的空间智能吗？我尝试着运用多媒体教学，在诗词歌赋的吟诵中，将音乐"借"进"幻彩空间"扬长课堂，力求唤醒孩子们的通感，为学生创作有韵味的作品奠定基础。

于是在画菊花的第一节课上，我和孩子们把各种菊花搬进画室，在近距离观赏菊花，触摸菊花，嗅闻菊花之后，一边聆听歌曲《菊花台》、中国古乐曲《彩云追月》、《春江花月夜》，一边在大屏幕上欣赏千姿百态的菊花。那时而雄浑、时而悠扬、时而沉静、时而奔放的乐声，与秋日里豪情绽放的金菊水乳相融，把孩子们带入了超脱、幽静、清新的自然中，就连平日里调皮好动的孩子，也在这样的氛围中安静地享受这份静谧的空气，去了身上的浮躁乖张之气，完全沉浸于对菊花的观赏和品味之中了。

接着，我和孩子们在音乐相伴下，一起欣赏咏菊、赞菊、颂菊的各种文学作品，齐声诵读黄巢的"冲天香气阵长安，满城尽带黄金甲"，品味陶渊明的"采菊东篱下，悠然见南山"。在诵读、释义、品评中感受作者的胸臆，借着诗人兴致，悟得菊花的傲骨迎风、卓尔不凡的品格。引导孩子们做有气节的人，有品位的人。

最后，我们在诗词歌赋中寻找点、线、面的构成，一起研读名人字画中的菊花图，在前人的手迹中寻找笔墨情趣，让有情有义的菊花在自己的心中浮现出来。

"声中有画，画中有声"。音乐声中的诵读品鉴活动，不仅愉悦了学生的身心、陶冶了学生的性情，也唤醒了学生的通感，发展了学生的多向思维。在圆润丰富的立体课堂中，学生的创作灵感被一点点激发了。

第二部曲：在品评分享中形成通感

第二课时，孩子们从家里拿来了橙黄的菊花，鲜红的枸杞子，胭脂红的大枣，以及醇香甘甜的蜂蜜。因为我们要亲手炮制一壶自己的菊花茶。悠扬的琴声响起来了，孩子们的菊花茶也炮制好了。大家手捧茶杯，深深吸气，让淡淡的菊香沁人心脾。小口品尝，让苦过回甜的菊花茶水从嘴唇淡淡咽下。在与菊花的亲密接触中，孩子们对菊花的亲近感增加了。

接着，大家一边品茶，一边交流课前查阅的相关资料——菊花的种类、药性、功用等。通过交流大家发现，世界上的菊花竟有3万多种，它不仅有清热解毒的药用特性，当菊花与枸杞一同泡饮时，还可以对抗疲劳，治疗近视呢。原来"良药苦口利于病"啊，孩子们对菊花的认识更深了，在品评分享中，通感进一步形成了。

第三部曲：在通感中多元创造、评价

第三课时，我和孩子们一起坐在菊花面前观其色，赏其形，识其态。用相机拍下各种光照下的菊花，用速写本描摹它傲然挺立的身姿，连花叶的脉络走向也不放过。我们还把散落在地下的花瓣、花叶拾起来做标本，做粘贴画，化腐朽为神奇，把残花枯枝也变为了艺术品。

与菊花有了这样多的亲密接触和了解，同学们早已胸有成竹、就差下笔有神了。于是，我鼓励大家各自选择自己擅长的方式和喜欢的材料，描画自己心中的菊花。也可以小组合作，优势互补，画菊花长卷画。果然，有的用化妆材料画菊花，有的在团扇上画菊花，有的在陶罐上、竹器上画菊花。大伙儿忙得热火朝天，不亦乐乎。

作品出来了，大家将它们张贴在黑板上，一边相互欣赏，一边就作品的完整性、美观性、创造性、合作效果等进行自我评价、相互评价。在作品展评中，一同分享创造成果，在自评和互评中正确认识自己，悦纳他人，审美能力和水平得到了提升。

借助通感，我们能够从绘画中看出节奏，从画面里看出旋律；通过通感，我们也能在音乐中感受到图像，读到故事，甚至品尝出五味。运用通感，我们还能调动学生的各种器官、各种智能甚至全身心全方位投入学习。当然，利用"通感"进行视觉空间扬长教学，不仅仅限于空间智能与音乐智能、空间智能与语言智能等。只要有可通之处，各种器官、各种智能之间的相通均可一试。如设计与数学、绘画同建筑、美术与影视等等。只要我们潜心研究、灵活操作，定会取得意想不到的教学效果。

以画促写，图文并茂——用多元智慧理论指导作文课

彭 为

加德纳的多元智慧理论认为，人的智力领域是多方面的，人们在解决实际问题时所需要的智力也是多方面的，因而智力是以多元化状态呈现在我们面前的。

在小学语文教学中，作文是让大多数孩子头疼的事。学生一、二年级就开始写话了，写话是作文的基础，用简单的语言文字来表述他们熟悉的生活。在这个过程中由于知识的贫乏、思维空间的狭窄和生活的局限，学生倍感困难。如何帮助他们突破难关，疏通思维障碍，使他们产生作文的兴趣？经过一段时间的思考，我设想将人类七种智力中的视觉——空间智力应用到课堂中来，激发学生的学习兴趣，于是我在作文指导课时，把美术引进作文教学，让孩子们画中寓情，以画引思，图文并茂。例如：春季来临，我布置孩子们利用节假日和父母一起走到大自然中去找春天是什么景色，他们争先恐后、津津有味地述说眼里的春光，然后我再指导他们把美丽的景色画出来，学生们兴趣盎然地描绘春天。接着我让大家用文字把美丽的春天描写出来。同学们一边欣赏自己的绘画，一边听着悠扬的乐曲，写下了一篇篇富有生活情趣的作文。这次作文，大部分语句通顺，内容具体，想象丰富。有一位同学写下这样优美的一段话："春姑娘来到田野，看见了光秃秃的地面很不满意，就把调色板上的浅绿色送给了它们。于是田野里钻出了嫩绿的小草，好像一个

个顽皮的小男孩,挨挨挤挤地探着脑袋;春姑娘来到花园里,看见了凋谢的花儿,感到很难受,它又把黄色、红色、粉色和身上的芬芳送给了它们,于是花园里开出了五彩缤纷的花朵……"初试的成功,坚定了我进行图文结合教学实验的信心,为了拓宽学生的生活视野,获取源头活水,我利用兴趣活动、课外实验活动,带领学生走向社会,组织他们参观、动手、创作,让他们在生活中发现美、感受美,激发他们对美的表现欲,从而画出美画,写出美文。

将多元智能理论渗入到每一堂课中、通过日积月累的画写训练,不仅发展了学生的视觉——空间智力,还促使语言智力得到了极大发展,学生们的绘画能力越来越强,对作文的兴趣也越来越浓,他们不再是拿着作文就歪脑袋、咬笔杆儿。如今,不光是作文,就是在平时的作业中也喜欢运用图文并茂的形式,如学习《海滨小城》一课后,一位同学不仅在作业本上描绘出了海滨美丽的风景,湛蓝的大海,金色的沙滩,五颜六色的贝壳,飞翔的海鸥,还为这篇课文写了一首小诗:"南国滨城天水蓝,鸥歌笛鸣泊雄舰。花红果香使人醉,疑是仙境落人间。"类似这位同学的作业还出现不少,看来,孩子们是深深喜爱上了这种画写结合的写作形式。

课堂实录:奇特的热带植物

黄 英

(一) 范例导赏

热带植物相片(粉佳人及仙人掌):

1. 你看到了什么?

2. 它们的外形特征有什么不同？能仔细描述吗？

3. 看到它们你会联想到什么？你喜欢吗？说说为什么。

(二) **教学目标**

1. 知识与技能：

（1）认识热带植物的形态、特征、生活环境及相关科学知识；

（2）学习科学的观察方法，大胆地创新表现；

（3）学会运用线条、色彩的装饰去表现事物的特征。

2. 过程与方法：

（1）欣赏热带植物的形态特征，并从中了解相关植物知识，体验自然生态之美；

（2）引导学生到植物园观察与写生，以不同视角去发现美；

（3）在表现过程中体现构成美和学生的创造力。

3. 情感、态度、价值观：

（1）感受大自然的美妙，认识热带植物的生存环境及外形特性，增强环保意识；

（2）从实践中抒发自己创造美好生活的愿望与热爱大自然、热爱生活的情感。

（三）教学要点

1. 重点：围绕热带植物不同的外形特征进行大胆的绘画表现。

2. 难点：怎样以"热带植物形态、纹理的装饰与构成"表现画面的层次。

3. 兴趣点：小组户外参观及写生活动。

（四）作业要求

1. 基本要求：

能用手绘线条或色彩表现几种不同外形的热带植物。

2. 较高要求：

画面构图饱满，能画出植物的前后、遮挡关系。

3. 个性探究：

能用不同材料表现出形态美、纹理美、色彩美的热带植物。

（五）教学环节

整理本校的植物园，收集有关热带植物的图片。

以小组为单位，比一比，看哪个小组准备得多。

通过植物园的实物、录像、图片等视觉语言引导学生讲述自己所认识的热带植物及其生存环境和生活特性。

活动一：利用图片或媒体引导学生认识不同的热带植物，并说说它们奇特在哪里？（启发学生联想：圆的像什么？扁的像什么？高的像什么？矮的像什么？叶像什么？茎像什么？花有何特别？）以仙人掌为例，比较与其他植物有何不同？它们生存的土壤环境如何？

在图片和媒体中欣赏热带植物，根据教师的提问积极回答。在学习讨论过程中感受到热带植物的生存环境及生活特性，从中体会植物生存的精神品质。

活动二：通过欣赏，你们能联想到什么？你们喜欢吗？为什么？

展开想像，尽情发表自己的所想所思。

活动三：欣赏课本学生作品，说一说这些作品是用什么方法去表现的？如果我来表现，又该如何去表现呢？引导学生用概括、集中、强化、夸张甚至幻想的方法表现出来，并注意线条的疏密、粗细的变化。

欣赏教材中的学生作品，说出热带植物实物与装饰绘画的异同。重点通过选材、构图、表现方法等去认识植物的奇特。

活动四：指导绘画，以个人或小组为单位，构思画面，决定自己要表达的内容。反思评价。

组织学生集体展示作品，互相欣赏大胆发表意见。

七、人际关系智能

实施小组合作学习，培养人际交往智能

陈盛彧

小组合作学习能培养学生的合作参与意识，教会学生与人合作的方法。在语文教学实践中，我主要从预习、朗读、小组讨论这几个环节中，组织学生合作学习，以培养学生的人际智能，使学生在与人友好相处中共同完成学习任务。

（一）在小组预习中培养学生的人际交往智能。

一年级语文预习的重点是读准字音，认清字形。为此，我让学生先自读生字，然后分小组互读生字，互相纠正字音，读准字音；再运用已学的方法分析字形。每个孩子都要发表自己的意见，看谁的方法最简单，最容易记。通过相互切磋，小组成员的识字能力得到了提高，人际交往智能也得到了培养。

（二）在小组朗读中培养学生的人际交往智能。

读是分析文章的基础。为此，我总是给孩子们创设读的机会，让小组成员或齐读、或轮读、或深情朗读、或表演读，一节课下来，每人至少可以把全文通读一至二遍，孩子们在读中进行分工合作，不仅朗读能力有了不同程度的提高，人际交往智能也得到了培养。

（三）在小组讨论中培养学生的人际交往智能。

小组讨论是培养学生人际交往智能的重要途径。为此，我总是鼓励孩子们在小组学习中大胆提问，积极发表自己的看法，认真倾听同学的意见，形成小组意见。之后积极进行组与组之间的交流，形成综合意见。在这一不断交流的过程中，孩子们学会了大胆发言，学会了倾听，学会了归纳整理，体会到了合作的力量。正如学生在口语交际课上所说："我觉得我的人际智能很发达，因为在我们四人小组讨论时，我会虚心听取别人的意见，发表自己的意见，然后我把别人说得好的内容，再结合自己的想法总结出来，这样，我代表我们组回答问题时就说得更完整、更具体了。"

手牵手，我们都是好朋友

马　夏

当下的孩子，个个聪明伶俐，表现自我的欲望强烈，基本都能将自己的优势和特点发挥到极致。但是，当孩子间在共处时，往往却看到这样的情形：争强好胜，不懂得礼让，甚至部分孩子表现出极少的同情心和感恩的状态，内心冷漠，对集体观念淡漠；部分孩子不懂得忍让，不会宽容，在与同龄人的交往中表现出"我"字当头，容不得别人比他强，容不得别人与自己的意见不一致；部分孩子情绪波动大，自制力差，容易发怒，甚至还会产生偏激行为。美国著名的演说家卡耐基从他自身的经历总结出了这么一条规律：一个人的成功，15%靠专业知识，85%靠人际关系和处世技巧。加德纳教授在人的多元智能构成理论中提出了人际交往智能，这是一种察觉并区分他人情绪、意向、动机以及感觉的能力。人际交往智能意味着理解，认识他人，从而与人更好地合作。为此，从孩提时代抓起，培养他们认知社会，学会与人相处的协调能力，对其后天的成长将有极大的益处。

重视人际交往智能的发展和正确的引导已成为当前素质教育的不容

忽视的话题，新华路小学以多元智能理论为理论依托，以重视学生的全面发展为宗旨，对三年级学生的各项智能进行了初步评估，根据学生最优势的智能为孩子们设置了不同的扬长班，从而促进学生更好的发展，我有幸承担了三年级《交往的智慧》优势智能扬长课程，该班的孩子个性张扬，能表现自己，有接纳和包容他人的胸怀，所以我特别注意对他们人际交往智能的发挥和协调。在该扬长班里我把全部孩子归为一个团队，在第一节课就放手让孩子们自己设计团队口号和团队目标。一张张可爱的小脸霎时聚在了一起，拿起画笔，讨论交流着，他们共同制定的口号是"品德第一，交往有礼"！简单的八个字概括出了他们与人交往的原则，境界和精神！就这八个字把20个孩子的心紧紧地联系在了一起，树立起了团队意识。在新的环境里，孩子们个个表现出了友好，他们忙着和刚认识的同学打招呼，忙着介绍自己，忙着尽快和队友们交朋友，忙着融入这样一个快乐融洽的集体中。有了这样好的氛围，我设计出了与人交往所必须掌握的礼仪和技巧。以怎样的形式交给孩子们，既要区别传统课程还要孩子们乐于接受，既要符合三年级孩子特点又要梯度性，是我设置课程内容考虑最多的：

（一）情感浸润

与人交往，"诚"字当先，真诚是一种心灵的开放，由内而发的，学会心中有他人，赏识他人，爱他人，所以爱的浸润是必不可少的。爱自己，爱祖国，爱父母，爱他人，爱是美德的种子，心中有爱的孩子就会懂得感恩和回报。通常我都以孩子们课前收集的传统美德故事如：二十四孝故事，友谊的故事等进行启迪，进而联系学生的实际生活，让孩子们感受到与人交往首先要真诚，以爱心换诚心。处事要热情诚恳，谦虚友善；要严于律己，宽以待人；要表里如一，光明磊落；实事求是！

（二）常识学习

俗话说："不学礼，无以立"。正确得体的交往礼仪能帮助学生架起与人沟通的桥梁。通过儿歌和"文明用语十个字的自述"等活动让学生掌握礼貌用语在日常生活中的重要性。除了小学生应该知的礼节外，我还扩大学生视野，通过文字或音像资料使其了解了有关各个民族、各个国家的礼仪常识。让学生学会入乡随俗，做一个地球村的好公民。

（三）情景体验

在学生掌握了人际交往的知识的基础上，我们开展了孩子们喜闻乐见的情景体验活动。如和同伴玩"接电话"的游戏，接电话的礼貌用语及顺序、过程便在游戏中习得；老师或家人身体不适时，指导学生去问候照顾病人；教学生在困境时如何求助别人，并学会正确表达自己的思想；教学生做客及待客的基本规则、基本礼貌，在西餐店如何优雅地用餐等等。学生在先掌握了这些方法、技巧后，实际遇到类似的生活场景，处理起来便游刃有余了。

（四）实践运用

我把孩子们带出课堂，走进社会：试一试向陌生人问路，试一试慰问社区的老人，试一试调查我们学校门前这条街的历史等，孩子们在活动中扩大自己的交往范围，获得自我表现的机会，情感和思想的交流在活动中得到碰撞，同时也学会了调节冲突和解决矛盾，他们的语言智能和交往智能得到了进一步提高。活动是人际交往的基础。学生是在活动中不断扩展相互关系，与不同年龄层次的孩子接触，和不同的大人接触，从而和社会接触，培养交往能力的。

通过扬长活动的开展，我欣喜地发现在孩子身上发生的一系列的变化，他们的自信心增强了，能积极地表现自己，从开始的"我不敢"到"我能行"，能悦纳自己也能接纳别人，在与人的交往中他们快乐地和同伴一起学习、游戏，懂得了谦让、理解、尊重。比如学会了对父母理解和体贴，学会了合作与分工，好东西大家一起分享。我还看到了沟通交流的语言更文明，交流的方法更艺术，行为更优雅等等。相信在《交往的智慧》扬长班继续开展的活动中，孩子们逐步会成为身心健康、积极愉快的人；能成为观察他人情绪意向，有效地理解他人和善于与他人交际的人；能最大限度调动自身价值的潜能，在未来社会中具有良好的社会适应能力，更具开拓和驾驭能力的人！

课堂实录：《合作的快乐》

张　楠

主题及课题选择意图

我们的生活中无处不存在着合作，合作是一种高尚、可贵的精神，可是现在的孩子大多都是独生子女，集万千宠爱于一身，心中总是只有自己，争强好胜，总是希望自己能独占鳌头，而在与人和谐相处，平等合作上的意识相当的淡薄，基于此，我决定从探寻合作的快乐入手，让孩子认识到原来合作可以找寻到不一样的快乐。

活动目的

1. 通过游戏使学生懂得合作的意义，掌握与人合作的方式，认识到独自一个不是长久之计。

2. 通过小故事，使学生感受到团结合作的快乐。

3. 通过活动，让孩子们感受到，班级的良好发展是离不开孩子们的互相合作的。

活动重点、难点

对合作的正确认识，发现自己平时的生活中不合作的问题。

活动准备

1. 本课教学所需的所有资料，包括文字、图片、影像资料等
2. 文娱节目排练。

活动设计

教师活动（详案）	学生活动	家长活动	设计意图
1. 主持人宣布《合作中的快乐》主题班会现在开始 导语：示 ppt，我们看到的是一块块的石头，可当许许多多的石块加在一起的时候，我们看到了万里长城。我们看到了一滴滴的小水珠，当无数的小水珠聚集在一起的时候，我们便看到了大海。这就是团结的力量，就是合作的力量。首先我们来做个有趣的小游戏。 2. 小游戏《枯井逃生》 游戏用具：窄口玻璃瓶一个，乒乓球若干 教师宣布游戏规则：将乒乓球系上细线放入玻璃瓶中，然后每人分别捏住一根细线，由老师往玻璃瓶中注水，乒乓球代表你们自己，这个时候你们要想办法逃命。就游戏的结果发表自己的看法。 小结：每个人生活在世界上，都离不开与他人的交往合作，许多事情只有靠大家合作才能顺利完成。有一首歌不就叫做《团结就是力量》吗？	学生进行枯井逃生的游戏，并就游戏结果进行思考。 表演歌曲演唱，聆听歌曲演唱		通过导入，让孩子们对团结合作有一个直观的认识。 通过游戏，让孩子切身体会到团结合作的用处。

七 人际关系智能

续表

教师活动（详案）	学生活动	家长活动	设计意图
3. 小合唱：《团结就是力量》 4. 讲故事《团结的力量》 导语：老师知道不仅有关于团结的歌曲，还有关于团结的故事呢。现在我们就一起来分享这个故事吧。 小结：这个故事让我们再次体验到了团结合作的力量。 5. 组句游戏 导语：现在又到了考验孩子们的时候了，我们要来玩一个组句游戏，请每组的每个同学在这张纸条上各写一个字，然后拼成一句完整的话。 小结：有的组句子组得非常完整，团结合作的非常棒。看来真是快乐藏在团结合作中。 6. 自我反思 导语：通过今天的活动，孩子们是否发现了团结合作的好处呢，你想过自己以后要怎样做才能更好地与他人团结合作呢？ 7. 总结 师：只有大家齐心协力，默契配合，才能合作成功。只要懂得利用各自的优点，大家心往一处想，力往一处使，就能取得更大的成功。	听故事，思考为什么说团结就是力量。 全班学生参加组句游戏并且思考组句组得好和不好的原因。 小组内自我反思，并汇报		通过歌声进一步强化孩子们对团结的认识。 通过故事，让学生对团结的重要性进行更深的思考 通过组句游戏让孩子再一次真实地感受到团结的力量是强大的，是可以给我们带来快乐的。为下一环节反思作为铺垫。 通过反思，触及孩子的内心，让孩子认识到自己要如何去做，才能与他人良好地团结合作。

八、自我认识智能

课堂实录：认识自我，相信自我

黄筱霞

主题及课题选择意图

孩子们进入小学快一个学期了，已经逐渐熟悉和适应了小学的学习生活，也在这个环境中不断进步，这是令老师和家长甚感欣慰的事。但是，现在的孩子备受娇宠，加之许多父母护短，因而对自己的问题总是看不见，更多的是对他人的责怪。久而久之，孩子变得骄横、任性，听不进他人的意见，更不能接受批评，这将使孩子停滞不前。针对这一现状，我决定从一年级开始有意识地培养孩子自省自悟的习惯，让孩子学会宽容，学会包容，学会理解，学会谦让。在不断认识自我的基础上，发现自己的优势并将其发扬光大，同时，正确看待自己的问题，主动寻求解决方法，逐步提升自己，使自己更快更好地成长。

活动目的

1. 让孩子明确自己在不断变化，也在不断成长。
2. 通过多种形式的活动，让学生认识到自己在成长的过程中需要不断学习与改进，才能不断进步。
3. 教育孩子学会学习，善于学习。

活动重点、难点

1. 让孩子认知到自己身上的长处，同时发现自己身上的短处。
2. 找到改进的方法，从而能够快乐地学习与生活，取得进步。

活动准备

1. 小品排练
2. 快板排练
3. 特色自我介绍的准备。

活动设计

教师活动（详案）	学生活动	家长活动	设计意图
1. 出示几个孩子婴幼儿时期的照片，导入：今天我给你们请来了几个小伙伴，你能说说他们都是谁吗？ 2. 听两位同学（杨瑞峰、赵鑫悦）和家长（尹牧阳）做介绍。 导语：孩子们，在不知不觉中，你们长高了，长大了，长变了，变得甚至连自己都不认识自己了。你们的爸爸妈妈看着你们一天天成长起来，感觉到的是收获，是幸福。但是，爸爸妈妈不仅希望你们快快长大，还希望你们健康快乐地成长，更希望你们能成为有用之才。你们在新华园学习生活了一个学期了，学到了一些知识，也懂得了一些道理，对自己有怎样的认识呢？今天我们一起来讨论。请两位主持人上台。 3. 主持人（杨曾妮、岳正芄）出场： 杨：元旦节，我学了一首古诗，想听听吗？ 岳：当然，快背背吧！ （杨吟诵古诗） 　　横看成岭侧成峰， 　　远近高低各不同。 　　不识庐山真面目， 　　只缘身在此山中。	学生观察思考，并展开争论。 学生介绍。	 家长朗读给儿子的一封信。	让孩子们认识到自己的成长。 通过介绍自己的进步，激发孩子自我认知的兴趣。 让孩子明确班会活动的目的。

续表

教师活动（详案）	学生活动	家长活动	设计意图
诗的后两句的意思是：不知道庐山的真实面目，是因为自己站在庐山之中。这让我想到我们在认识自己时经常会像站在庐山之中一样，看不清，认识不透。 岳：今天我们就开展一个特别有意思的班队活动，叫"认识自我，超越自我"。 齐：成都市新华路小学一年级一班《认识我自己》主题班会现在开始。 杨：同学们，在你们的桌上有一张彩纸，如果给你两分钟的时间，你会用它做什么呢？请你静静地思考一下，倒计时后开始动手。 岳：我看见同学们用同样的彩纸做了不一样的作品，这是怎么一回事呢？我得采访采访。（两位主持分别采访两位同学） 岳：杨曾妮，我发现同学们真是各有所长。 杨：是呀，这叫各有优势。你知道吗，我们每个人至少都有9种以上的智能。 岳：啊？这么多呀，我怎么没发现呢？ 杨：这样吧，我们请咱班的小博士梁喜悦来给大家作介绍吧！ 岳：哦，我们人类可真了不起！竟然有这么多能力。而且每个人的智能还不完全一样。 杨：对呀，听听小快板你就知道了。 小竹板敲起来，请听我来讲一讲。讲什么？ 赤橙黄绿青蓝紫，一年级学生是我们。 多彩校园七色花，总有一色我最爱。 我是学习小标兵，学习成绩顶呱呱。 我是运动小健将，运动场上争第一。 绘画剪纸我最爱，美术作品人人夸。 唱歌跳舞我喜欢，动作优美表演妙。 桌椅板凳勤整理，劳动能手就是我。 七彩校园朵朵花，越开越艳越美丽。	学生宣布主题活动开始。 学生动手制作。 学生谈自己的制作原因。 学生讲多元智能。 学生表演快板。 回答原因 倾听快板表演	家长参与小品表演	使学生认识到自己的优势，同时发现自己的不足。 让孩子认识多元智能理论。 进一步理解多元智能理论。

续表

教师活动（详案）	学生活动	家长活动	设计意图
杨：哦，同学们各有所长，今天我们就来看看同学们的"18般武艺"吧！ 1. 请欣赏歌舞《种太阳》。 2. 看完精彩的表演，我们再来听听器乐演奏吧！ 3. 我们班的雷三段和刘五段要展示他们的棋艺。 4 看了他们的表演，其他同学想展示自我吗？那就来给大家介绍一下吧！ 5. 每一个人都有的优势，也有自己的不足。面对自己，应该怎样正确看待呢？请听故事《白纸黑点和黑纸白点》。 岳：同学们听了这个故事，有何感想呢？下面请几位同学谈谈你们的感想。 岳：面对自己，如果你只看见自己的缺点、不足，你将会悲观绝望，停步不前；如果你能看到自己的优点、长处，你将会充满信心，迎接各种挑战。 合：因此，我们要正确认识自己，敢于表现自己。 杨：带着自信，带着幻想，我们拿起手中的画笔为自己画一幅自画像，让它时刻提醒自己、鼓励自己。 岳：同学们，让我们自尊、自信、自主、自爱，去不断完善自己，超越自己，昂首迈向更辉煌的明天。全体起立，让我们期待美好的明天。 合：一年级一班主题班会到此结束。	学生表演、观看。 器乐演奏。 下棋表演。 自我介绍。 学生听故事。 谈感受。 学生作画。 合唱。		通过多种方式，让孩子认识自我，让他们知道自己都是有长处的。 增进相互了解。 树立自信。 帮助学生如何准确把握自己。 进一步审视并反省自己。

八　自我认识智能

课堂实录：哦，原来我是这样的

邹 慧

课题选择意图

本课为多元智能（心理健康教育）校本教材《认识我自己》低段的一篇教学设计，供二年级特别班会课使用。

二年级孩子已具有初步的认识自我的能力，但往往对自己和他人的不足认识较充分，对自我和他人的优势或长处认识不足，因而有时候自信心不足，也难以悦纳他人。基于此，特引导孩子开展一系列自我认识调查活动，以帮助学生从多个角度较为全面、客观地认识自我、悦纳自我，增强自信并悦纳他人，为培养学生积极乐观的生活态度奠定基础。

活动目的

1. 通过学生的自我评价及相关调查活动，让学生对自我有一个初步的认识。

2. 通过读"父母给孩子的一封信"、同心圆游戏等活动，引导学生从多个角度，较为全面地了解自己，学会正确评价他人、评价自己，进而悦纳他人，悦纳自己。

活动重点、难点

重点：引导学生从多维的评价中初步地全面、客观地认识和了解自己。

难点：学生客观、全面地评价自己和他人。

活动准备

1. 爸爸妈妈给孩子的一封信。
2. 《哦，原来我是这样的》调查表。

活动设计

教师活动（详案）	学生活动	家长活动	设计意图
课前热身游戏：反口令游戏 游戏规则：老师说口令，学生做相反的动作（先全班做游戏，再同桌间做游戏） 一、我眼中的我 1. 投影：一只眼睛 谈话导入 师：看，这是什么？——生：眼睛 师：这是只怎样的眼睛？——生随意回答 师：它可以干嘛？——生回答 师：我们每个人都有一双明亮的眼睛，我们用它看蔚蓝的天空，看辽阔的大地，看美丽的花朵，看多姿多彩的世界，还用它看我们自己。我们会发现：哦，原来我是这样（指课题，全班齐读） 2. 投影：课题 师：孩子们你们想不想现在就用眼睛看看自己？——生：想 师：用什么看？——生答。 师：那就赶快看吧。——生拿出师提前准备的镜子来看自己。 师：镜中的人可爱吗？对他笑笑。 师：你看见自己长什么样？——生和镜中的自己或同桌交流说说。	生做游戏。 生照镜子。		调动学生情绪。 由学生已知状态入手，激发兴趣。

八 自我认识智能

续表

教师活动（详案）	学生活动	家长活动	设计意图
师：是呀，我们用眼睛看自己的外在形象，看见自己有双大大的眼睛，弯弯的眉毛，翘翘的鼻子，小小的嘴巴，还有一头黑黑的头发，可爱极了！我们还用眼睛看内在的我。能看见自己的长处、特点、优势，以及不足。（板书：贴眼睛） 师：你用你的眼睛好好观察过内在的自己吗？前段时间，孩子们就已经通过填《哦，原来我是这样的》表对自己有了个初步的了解，谁愿意结合表说说你看到的自己是怎样的？（生答，教师相机点评） 师：你们真棒！看，我们早就开始认识自己了。记得有人曾说过，认识星空，不是最难的；认识地球，也不是最难的，最难的是认识我们自己！认识自我，是人类的最高智慧。那咱们今天就一起来继续认识认识自己，开发我们的自我认识智能吧。 2. 投影：一学生的自我认识评价 师：看，这是一位同学对自己的评价，你们有什么发现？（该生对自我缺点认识较充分，但对自己的优势、长处认识不足） 你们真会观察。这位同学对自己的不足写得很多，对自己的特点、优势、长处却只发现了一点点。老师课前看过大家的调查表，发现很多孩子和他的填写相似。对自我的缺点、存在的问题认识很充分，而对自我的优势、长处则缺乏认识和肯定。为什么会这样呢？ 有这样一首小诗："横看……不识庐山真面目，只缘生在此山中。"之所以我们不能全面地看清自己，是因为——"只缘生在此山中"。如果我们跳出自己的这座山，借用别人的眼睛来看我们，我们又是怎样的呢？ 咱们先借最爱我们、最疼我们的爸爸妈妈的眼睛来看我们吧。（贴眼睛）	学生根据《哦，原来我是这样的》表一的内容相机回答。（2人） 生看投影。		让学生对自己的已知有个初步感知。

续表

教师活动（详案）	学生活动	家长活动	设计意图
二、父母眼中的我： 1. 谈话导入： 师：在老师手中，有几十份厚重的礼物——这是爸爸妈妈让老师转送给每个孩子的一封信。在信里，爸爸妈妈会告诉你，你在他们的眼里是一个怎样孩子。 2. 发信。投影：在爸爸妈妈眼中，原来我是这样的！（背景音乐） 3. 学生阅读信件（老师巡视，挑选具有代表性的学生）。 4. 引导交流： 你们读信的时候，老师在读你们的表情：我看到有的孩子嘴角挂着微笑，有的一脸喜悦，还有的则满脸惊讶和感动。从你们的表情中，我读到了爸爸妈妈们对你们无限的爱和期望。 谁来说说，从爸爸妈妈的信中，你知道自己是一个怎样的孩子吗？（投影：原来，在爸爸妈妈眼中，我是……）（爸爸妈妈是怎么写的？你可以选择一段，读给大家听听。）（1～2人） 5. 师：原来我们在爸爸妈妈眼中，是可爱的，是乖巧的，是孝顺的，是懂事的，还可能是内向的，是粗心的，是调皮的…… 6. 师：是啊，天底下，父母是最爱我们的人，也许有时候他们对我们很严厉，但他们总是用爱的眼光评价、鼓励和期待着我们。现在，请把爸爸妈妈对你们的评价，挑选你最喜欢的一点，写在老师发给的明星娃娃上，并贴在自己的身上。 三、同学、朋友眼中的我 1. 师：接下来，咱们再来来做个游戏！——游戏的名字叫"同心圆"。（投影）游戏规则是： (1) 全班同学围成2个大圆圈，一个圆圈顺时针转，一个圆圈逆时针转。	学生自己阅读。 生读信。 请1～2名学生在全班交流。	请家长为自己的孩子提前写一封信。	让学生借用爸爸妈妈的眼睛来看自己，从另一个角度来认识自己。

八 自我认识智能

129

续表

教师活动（详案）	学生活动	家长活动	设计意图
（2）音乐响起时，开始转动。音乐停，转动停止。内圈向后转。两个相对的同学进行1+1评价，即：肯定对方一个优点，真诚地提出一个建议。（3次） 2. 学生做同心圆游戏中，老师随机采访。（师:"听了同学对你的评价，你对自己又有了哪些认识和发现？）（学生交流2~3人。） 3. 过渡语：我们借用了爸爸妈妈的眼睛、借用了同学（贴眼睛）和好朋友的眼睛看我们自己，现在大家对自我的认识和评价，有变化了吗？——生答：有变化。 师：今天我们所用的方法，是换位观察、换位思考法（板书：贴出来）。用这样的方式看我们自己，或看其他问题，也许能更全面、更客观、更真实。 下面，让我们一起来观察和发现，也许你还能看到一个新的同学、新的自我。（贴眼睛） 四、发现一个新的我： 1. 请一个擅长舞蹈却不为同学所知的孩子表演舞蹈。 同学评价：音乐智能、肢体运作智能强——我们班的舞蹈家。（放音乐，生跳舞。） 师：跳得好吗？那你们对他是不是又有了新的认识呢。发现他音乐智能、肢体运作智能强。把你对他的认识表达出来。你可以对他说，也可以送他一个明星娃娃。（生用自己喜欢的方式夸赞他。） 师：现在，你对自己是不是又有了新的认识。在这张明星娃娃上写下对自己的评价，贴在身上。 2. 投影：展示一个擅长绘画、手撕画的孩子的各种作品。猜猜他是谁？——生答。	生做游戏。		改变上课氛围，让孩子放松，为评价同学做铺垫。 以游戏激趣。 让学生通过老师的引导，认识新自我。

续表

教师活动（详案）	学生活动	家长活动	设计意图
师：瞧，平时，他在我们眼中是个调皮捣蛋的孩子，其实他也是一个心灵手巧的孩子，是一个视觉空间智能、肢体运作智能都很发达的孩子。（生用自己喜欢的方式表达对他的认识。）（同上） 五、总结。 师：是呀，只要我们用心观察，随时都会有新的发现。有人说，太阳每天都是新的。对老师而言，每一个不断发现、不断进步的孩子也是新的！今天，我们借他人的眼睛、借他人的智慧，用换位观察、换位思考的方法，对自己有了个全面、客观的认识。其实，每个人都有所长，也有所短。能充分看到自己的长处时，我们就会更加自信；能充分认识自己的缺点和不足，我们就能不断改进自己，发展自己。如果我们还懂得欣赏他人、赞美他人、学习他人，我们的人际关系将更和谐、更美好。古人说：人贵有自知之明。——也就是说，能认识自己的人，是最聪明、最有智慧的人！愿每个同学今后都能拥有"自知之明"，成为最有智慧的人！ 六、现在，我知道，我原来是这样的： 师：今天，通过课前的调查，以及课堂上的读信、游戏、交流等活动，现在你对自我的认识有变化吗？开始时你对自我的认识是怎样的？现在呢？（邀请第一个孩子交流对自我认识的变化） 七、家庭作业：分享成长的快乐 今天回家，我们要做两件事： 1. 谢谢爸爸妈妈写给你的信，告诉他们你读信后的感动和收获。 2. 综合父母、老师、同学、好朋友等对自己的评价，认真填写表格四，并把对自我的新认识和评价讲给爸爸妈妈听。	学生夸赞同学。		通过教师的总结，让学生对今天的内容进行梳理，并建立正确评价意识。

▽ 八、自我认识智能 △

课堂实录：自我完善

李 佳

主题及课题选择意图

五年级的学生即将进入青春期，这是人格发展的第二个高峰，也是家长和老师眼中的"逆反期"。因势利导，让学生好好对自己进行研究，能理智看待自身性格，对奠定他们的良好人格有很大作用。

活动目的

1. 让学生完成由外显的特点向内化发展，使小学生认识自己的性格特点。

2. 通过一些具体事例明白个性决定一切的道理。引导学生正确地疏导自己的弱势智能。

活动重点、难点

让学生在欣赏自我的同时发现自己一些内在的性格特点，并懂得悦纳自身的弱势性格特点，通过有利的引导转化为自己的优势智能。

活动准备

1. 心理小测验
2. 小故事

活动设计

教师活动（详案）	学生活动	家长活动	设计意图
一、热身活动："刮大风"，引起学生对自我认识的兴趣和关注 1. 准备：师生搬着椅子到场地一角，大家围成一圈坐在一起。（师事先讲解活动规则）	学生自由完成游戏。		使学生认识到性格不是单一型的。自己的性格也是如此。
2. 活动开始时，教师放一把椅子在场地中央，老师站在圈外，喊口令："大风刮，大风刮，刮呀刮，刮到（具有特点）的人。"具有这种特点的人听到后就以最快的速度跑到场地中央重新找一把椅子坐上去，动作慢的学生就没有椅子坐了。椅子增加得越来越多，找到自己位置的同学越来越多，这个活动做了几次，刮到了"戴眼镜的人"、"喜欢跳绳的人"、"写作业快的人"……气氛一下子活跃起来，在活动中，大家一起思考，怎样尽快找到位置，需要注意听口令、动作快，更重要的是要充分了解自己的特点。	这是继自画像的游戏后再次引导学生认识自我。特别是一些外显的特点。		
二、课堂操作 1. 如何认识自己的性格，鉴别自己的性格，心理学家的方法是不容易掌握的，但日常生活中一些有趣的性格识别法非常实用。	认识自己平常还没意识到的性格。		进一步认识自己的性格。
2. 桃子：善于交际的人，但在困难面前显得无能为力。 梨子：文静善良的人，富有幽默感，能坦然接受来自别人的批评。	《吃水果看性格》 拿出纸和笔在"桃子、梨子、葡萄、西瓜、樱桃、李子"中选择。		介绍学习心理学知识中关于性格的定义。

八 自我认识智能

续表

教师活动（详案）	学生活动	家长活动	设计意图
葡萄：善于保守自己和别人的秘密，但周围的人对你总不太信任。 西瓜：脾气好，从不抱怨不争吵，关心别人胜过自己，但缺乏原则性。 李子：乐观好客的人，善于与别人相处，善于珍惜美的东西，不嫉妒。 樱桃：温柔的心软的廉洁的人，并有牺牲精神。 3. 所谓的性格，是人的个性心理特征的重要方面。每个人的个性都是一个构造独特的世界，蕴藏着巨大的能量。它的爆发既可以将你推入万丈深渊，也可以助你走向成功的彼岸。所以，性格在一个人的事业中起着重要的作用。 4. 介绍性格的分类 三、分享故事 四、总结交流 听完这两个故事你有怎样的感想？	同学小组讨论交流自己有怎样的性格？结合生活感受谈谈。 每一类答案都不可能全对，请学生结合自己的特点来判断哪些性格分析是正确的。把你觉得符合的写下来。 学生听故事 每组请个代表发言：性格对于我们的发展有怎样的作用？		

课堂实录：《成功的背后》主题班会活动设计

侯萌利

活动目的

通过"成功的背后"班会活动的开展，向家长宣传多元智能理论，让学生进一步了解多元智能，使学生明白要充分发挥自己的优势智能，挖掘潜在的智能，确立自己的目标，坚定不移，勇往直前，定能取得成功，引导学生认识自己，了解自己，尊重自己，悦纳自己，形成多元智能的评价观、人才观。

活动准备

1. 向学生介绍活动内容，明确活动目的。
2. 学生学习多元智能理论中的八种智能方式。
3. 填写"多元智能自查表"，让学生认识自己的智能结构。
4. 制作"我心中的明星"调查表。
5. 收集自己喜欢的成功人士的资料。
6. 从兴趣入手，学生自由组合，深入调查，研究，成功的背后都有些什么？

活动过程

活动流程		学生表现	设计意图
再识多元智能	1. 投影："多元智能饼"。 2. 老师介绍多元智能。	观看，被吸引，再次认识每个人都拥有八种或八种以上智能，只是每一种智能发展不均衡，有一定的差异。	让学生初步了解多元智能，并明白智能的不同组合。
分析成功的背后有什么	1. 投影出智能杰出人物：比尔·盖茨、成龙、邓亚萍、巴金、宋祖英等。 2. 分研究小组活动：成功的背后有什么？ 3. 全班交流。	观看情绪激动，纷纷指出自己崇拜的人物，是因为某一个方面的智能特别突出而成功的，明白了必须要发挥自己的优势智能。 将亲自走访、调查、网上下载等方式收集到的资料在小组内进行交流。	通过对自己喜爱的人物的分析，明白每种智能都有不同的表现，每种智能都可以帮助我们成功。 培养学生的人际交往智能，每个学生都积极参与活动，都有不同程度的收获。

续表

活动流程		学生表现	设计意图
别人认识自己	1. 讲述爱迪生、贝多芬的故事。 2. 夸身边的人，用一双发现的眼睛去观察生活。 3. 评价、小结。	以讲故事、演小品的形式交流。 学生们认真听、看，明白了优势智能需要别人发现，优势智能能给你创造一个发展的空间和机会。 夸同学、夸老师、夸父母，谈理由。被夸人谈感受，气氛活跃。	师生、家长共同参与，学生赞美自己的父母时，很深情，父母被夸，非常感动，情不自禁也夸起了孩子。在活动中家长认识了多元智能理论，学生进一步了解了多元智能，并明白了智能的不同组合。
自己认识自己	1. 讲述比尔·盖茨的故事。 2. 对自己的智能进行分析、评价。 3. 小结。	比尔·盖茨的故事，学生听得入迷，其他学生进行补充。 学生展示字画等各种证书，在古筝的伴奏下，用画、诗、舞蹈等方式表现对音乐的感受。	明白成功的背后，需要自己充分认识自己并不断反省自己，努力发挥自己的优势智能，弥补弱势智能。
认识意志品质的作用	1. 讲述王羲之的故事"墨池"。 2. 讲述"数据"的故事。	（1）现场实验和故事相结合的形式。 （2）列举出一组具有代表性的数据，使学生明白成功的背后更需要坚强的意志、顽强的精神。	让学生学会观察，学会反思。明白只有具有坚强的毅力，持之以恒的心理准备，发挥自己的优势智能，才能取得成功。
小结	老师做活动小结并进行评价。	学生专心听	提高认识，学会认识、了解自己，尊重、悦纳自己。

活动实录

（一）再识多元智能

师：孩子们，人们在不断研究他们周围的世界。但是人们对自己的认识和研究却很少，特别是对人的潜能的研究，也只是在最近的20多年中才逐步兴起。美国的加德纳经过多年的研究证明人类的思维和认识世界的方式是多元化的，人类至少存在八种或八种以上的智能方式。在此之前，我已经给孩子们进行了介绍，你们知道它们分别是什么吗？（教师操作电脑，出现"多元智能饼"）

生：语言智能、逻辑数学智能、肢体运作智能、视觉空间智能、音乐智能、人际关系智能、内省智能、自然观察智能等。

（二）明星、名人智能优势

师：在我们的生活中，有许多人就是因为某一个方面的智能特别突出，他们成功了，成为一个杰出的人、一个公众人物。前段时间我们也收集了自己比较喜欢的一些成功人事的资料，我把这些资料进行了一个归类，选了一些最典型的人物，看看他们是谁？你认为他的哪种智能比较突出？（教师点击出现一位位明星、名人画面）

生1：比尔·盖茨是微软大王，我觉得他的逻辑数学智能、视觉空间智能、内省智能都比较突出。

生2：我喜欢成龙，我认为他的成功跟他肢体运作智能特别发达分不开。

生3：宋祖英的歌特别好听，我认为她的音乐智能特别突出。

生4：巴金爷爷是我国著名的作家，他的语言智能特别突出。

生5：我在很多书上看过有关周总理进行外交活动的故事，我认为周总理的人际关系智能特别突出。

……

师：你们喜欢的这些人为什么会取得成功？在课前你们组成研究小组通过各种方式调查，收集了大量资料。现在，分小组进行交流，看看他们成功的背后都有什么？

（学生分研究小组交流）

师：好，孩子们，你们认为是什么原因使他们取得成功？

（生讲述爱迪生的故事）

师：是啊，爱迪生成功了，是因为他的妈妈能够正确地认识和评价自己的儿子，尊重他的兴趣爱好，他自己也不断努力发展优势智能，他成功了。还有哪些组是收集、研究他人发现自己优势智能的？

（生讲述贝多芬的故事）

师：孩子们，我觉得爱迪生有一位伯乐一样的好妈妈，她将爱迪生领入科学的领域自由驰骋，成为了世界发明大王；贝多芬有爱他的爸爸妈妈和一位好老师，他们将贝多芬带入音乐的海洋自由畅游，成为了世界著名的作曲家。我们如果遇见"伯乐"也是非常幸运的。其实，每一个孩子都能成为一个小"伯乐"，用一双发现的眼睛去观察生活。谁来夸夸我们的父母、老师或身边的同学？

（生夸自己的老师、同学、父母）

师：刚才，我们介绍的爱迪生、贝多芬是别人发现他们的优势智能，给他们创造发展的空间和机会。还有一些明星或名人，又是什么使他们取得了成功？

（生讲述比尔·盖茨的故事）

师：比尔·盖茨充分地认识了自己、认识了世界，每一次的胜利和失败都要进行总结，不断反省自己、审视自己，最后终于成为了当今世界微软大王，成为美国最富有的人。

师：成功的背后需要自己认识自己、认识自己的潜能，使自己的优势潜能得到最大限度的发挥。那么你认为你有哪些优势智能，你能说说吗？（学生展示、汇报。）（一个学生古筝演奏，其他学生在音乐声中写字、绘画，用自己的方式表达对乐曲的理解。）

师：要想成功需要伯乐，需要自己认识自己，需要发展自己的优势智能，还需要什么呢？

生：还需要有毅力。

师：几百次、几千次的失败考验，依然有信心，依然不放弃，是多么坚强的意志，多么顽强的精神。

（三）小结

师：通过这次班会，我更加深入地认识了你们，非常感谢我们每一个孩子的积极参与。对于名人的成功，我们认真地进行了分析、研究，他们成功的原因有伯乐的发现，有自己发现了自己，确立自己的目标，坚定不移、勇往直前，走向成功。我们每个孩子都有优势智能和没有被发现的潜能，在父母和老师同学的帮助下，会不断进取，成为一个成功的人，成功是属于你们的。

课堂实录：体验自我之真

罗 馨

教学目标

1. 使学生认识到自我的两个方面：积极自我和消极自我，从而丰富学生的自我认识。

2. 通过活动，帮助学生完善自我，朝着积极的自我方向努力，从而提高自我。

教学重点、难点

使学生认识到自我的两个方面：积极自我和消极自我，从而丰富学生的自我认识。

教学准备

教学软件、小卡片、各种音乐

教学设计

项目 教学流程	教师活动	学生活动	设计意图
一、播放"野炊活动"影片引入	师：认识自我 师：欢迎走进"自我认识"主题活动。在此之前，我们已经进行了自我认识系列活动之———春游野炊活动。现在让我们一起来回忆。（播影片） 师：在影片中看到自己的表现，你想说些什么。 师：在活动中孩子们对自己都有了一定的认识。说明你们已经具备了"多元智能理论"中提到的第七种智能——认识自我智能。活动后我们全班一起评出了几个奖项，我们将对获奖者进行颁奖，现在有请我们颁奖典礼主持人上场。（颁奖活动）	生：精彩生活每一天 生：观看影片 生：（自由谈） 两位主持人上场： 胡：…… 刘：本次颁奖共有四个奖项——最佳团队奖、最佳表演奖、最佳厨艺奖、最佳自我认识奖。 胡：…… 刘：请罗老师上来为文玥队颁奖。 胡：…… 刘：有请大队委周庭渊为黄鸿建颁奖。 胡：…… 刘：有请王校长为文瑶颁奖。 胡：…… 刘：有请向校长为王子萱颁奖。向校长，请您用一句话来谈谈您对自我认识的理解。	重温自我认识系列活动，引入下个环节

◀ 小学生多元智能发展探索 ▶

续表

项目 教学流程	教师活动	学生活动	设计意图
二、认识自己的优缺点	师：通过此次活动许多同学和王子萱一样对自己又有了更新更全面的了解。今天我们将继续——自我认识。 师：（PPT）"能认识自己"是人类最高的智慧。"认识自己"最早出现在古希腊德菲尔城阿波罗神庙的碑铭上。千百年来人们一直在探寻正确的认识自己的方法，那么你觉得要认识自己你会用哪些方法？（教师总结板书认识自己的方法） 师：其中不乏好方法，有些正被心理学家广泛的应用。在古希腊传说中有一种古老的认识自己的方法，那就是根据自己对自己的了解画一幅自画像。（音乐起）拿出你们在美术课上画好的自画像，正面写上你最突出的优点，背面写上自己的不足。 师：罗曼·罗兰曾说："先相信自己，然后别人才能相信你。"大胆地肯定自己，亮出你的优点，和你的小伙伴共分享。带着欣赏的眼光，真诚的心，大声地朗读出小伙伴的优点。PPT	生：自由谈 生：自己写 生：被称赞者发表感言。采访朗读者：他自己所写的和你心中对他的认识一样吗？	让学生掌握一些认识自我的基本方法 正面、客观地看待自己的优点和缺点。
三、悦纳优点	师："世界上了解自己的人莫过于自己。"发现自己的优点并被他人赞赏是件令人喜悦的事情。看到自己的优点吧！它能让我们欣赏自己，爱上自己，它能让我们成为万众瞩目的焦点。你想成功吗？那就尽情地展示最靓的一面，SHOW出你的魅力来吧！	生：才艺展示	学会悦纳自己的优点，让自己的优势智能更加突出。寻求到最佳的发展方向。

八 自我认识智能

续表

项目 教学流程	教师活动	学生活动	设计意图
四、面对缺点	师：还有哪些同学要来SHOW？看出来了，面对自己优点时我们是欣赏、展示、悦纳。但是孩子们你们想过没，"人无完人"面对自己的缺点你又会怎么样呢？ 师：班会前我们做了一个小测试，我们一起来看看，读测试题，解题。 师：最终的结果是怎样呢？你发现了什么？ 师：你很会观察，大多数的同学情愿选择前两项，而不敢勇敢地面对自己的不足。老师告诉你们，有的人不面对自己的不足，他终将一事无成，而有的面对了不足，就能走向成功。我们班也有有心的同学收集了一些名人怎样面对自己缺点的资料，愿借这个机会和大家分享。 师：现在我们来看看，听了这些名人面对自己不足的实例，我们再来进行一次选择，你又会做怎样的抉择？	生进行观察并说出自己的发现 生：出示相关的资料	通过对名人面对自我缺点的了解寻找到自己改变缺点的方法以及应具备科学的态度。
五、体验升华	师：是啊，人总是在不断发展变化的。我们需要不断完善对自己的认识。老师将给每人一张小小的卡片，写下你这节课的收获。写之前我想请你们推荐一位有空间智能优势的同学，在黑板上绘出一只蝴蝶。我们就将小卡片贴在蝴蝶上，向大家展示。（音乐起） 师：让我们更充分地认识自己，体味自我之真，凝练生命之美，关怀自我成长，共享幸福人生。让我们在歌声中，愿这破茧而出的蝴蝶翩翩起舞。	王子萱被同学推荐后在黑板上绘制蝴蝶图案。 其他同学写下自己本节课的收获并将它大胆地表白出来，将小卡片依次张贴在蝴蝶上，让美丽的蝴蝶翩翩起舞。	寻找到最真实的自我，能应用有效的方法和科学的态度扬长而避短。

教学反思

（一）教案设计从学生现有的认知水平中来，根据现有的知识去探寻未知的领域。

"认识自我"就在我们平常的生活里。告诉他人怎样认识自我还不如让他在生活中体验自我。人的生活离不开社会环境，学生的生活离不开集体。不久前开展的"野炊"活动让我惊喜地看到学生的显著变化。学生在"野炊"活动中充分地肯定了自己的优点，也认识了自己的缺点。学生感触很深，有话可说。因此我将"野炊"时的视频作为了我的开课。当再次观看"野炊"时自己的表现，学生被吸引了，不时发出笑声。课堂上有的孩子说"我发现自己很能干""我发现自己什么都不会做，只能坐在那吃东西"，其中也有学生提到"我们小组在做什么？"授课时由于和我的提问相差较大就没有通过评价来引导学生关注自我，说明我的评价能力还要提高。

通过引导学生探索"自我认识"的方法来拉近学生和"自我认识"的距离。因此我设计了这样一个环节：千百年来人们一直在探寻正确的认识自己的方法，那你觉得要认识自己你会用哪些方法？现场来看学生回答非常踊跃，总共出现了7种学生自己尝试过的方法。教师相机地把方法板书在黑板上，这时候所有的人发现：A：我们自身拥有的自我认识的方法其实很多；B：能认识自己看起来并不是那么地高深。学生对能准确地认识自己充满了信心，调动了进一步研究的兴趣。

（二）"冰"不可"破"，那就"化"。

"认识自己"是个未开垦的处女地。我们怎样去研究它、运用它都感到特别困难，甚至感到一片茫然。我们在设计这次班会课时无论是老师还是学生都查找了大量的资料。但是资料中涉及到很多专业性、理论性的内容，除了满头的雾水收获甚少。"冰"看来是不能凭我们力量来"破"了，就退而求其次"化冰"。

1. 节目表演解定义。

在各种的资料中显示"自我认识"是什么？有很多，我们设计了一个节目表演"5.2CCTV新闻联播"在轻松调侃的氛围中介绍了多元智能理论的内容，自我认识的基本定义。关键是我们对解说词进行了转化，降低了难度，学生对"自我认识"有个大致的了解。

2. 调查表的应用。

尝试用数字来说明问题的方法在这节课的运用中取得了很好的效果。把握不定的事情转化成具体的图标，把模糊变成直观。学生能从图表中发现：大部分的学生在面对缺点时不敢面对，我们班只有5个同学面对自己的缺点。这样引发出问题：我们该怎么办？认识了自己，特别是认识到自己的缺点时我们该怎么办？因此在图标后我们介绍了学生熟知的名人解决此问题的方法，从中获得启发。课堂上由于我的疏忽遗忘了对图表的及时反馈。有这样的反馈更能看出学生的变化。

课堂实录：我是一朵神奇的花

向志彬

主题课题选择意图

六年级学生已有一定的自我认知基础，对自我的智能结构和学习方式有强烈的探究兴趣和愿望，乐于从科学和理性的角度深入认识自己。选择此课题，拟引导学生尝试对自我的多元智能进行分析判断，初步了解优势智能扬长的方法，能知其所处，扬其所长，悦纳自我，乐观自信。

活动目的

引导学生初步了解多元智能的基本观点，能运用彩色图卡等方式表现自己的智能结构。能知自己智能之所长，及促进优势智能扬长的方法，在自我肯定和同伴肯定中建立自信，悦纳自己。

活动重点、难点

重点：学生对自我智能结构的正确认知和表达。

难点：学生对优势智能形成的分析提炼及表达。

活动准备

1. 制作教学 PPT；
2. 制作多元智能图卡及该班班主任、数学教师多元智能花；制作教师小时候及现在的带状智能结构图。
3. 学生自备剪刀、双面胶。教师为每个学生准备 9 色卡纸。
4. 游戏"浇花"道具——水壶。

活动设计

教师活动（详案）	学生活动	设计意图
一、提问引入： 1. 生活中，我们每个人都有自己心爱的宝贝，比如 MP3，游戏机等等，你最爱的宝贝是什么？ 2. 投影图片：假如灾难突然来临，比如火灾，比如战争，你会带着什么宝贝逃离？ 3. 犹太民族是一个多灾多难的民族，他们总是不断地受到迫害，房子、财产常常是昙花一现，因此在犹太儿童还没有长大成人之前，他们的父母总会教育他们，有一种东西比财富和地位都更重要。他们的妈妈通常会这样问他们的小孩：（投影）	学生思考，答问，明白本课认识的主体——智能。	设疑激趣，揭示学习内容。

八　自我认识智能

续表

教师活动（详案）	学生活动	设计意图
"假如有一天，你的房子被烧毁，你的财产被抢光，你将带着什么东西逃跑呢？" 小孩通常就会说"钻石"、"珠宝"、"钱"等。 妈妈就会启发她的孩子： "有一种没有形状、没有颜色、没有气味的东西，你知道是什么吗？"。 当孩子左思右想找不到答案时，妈妈就会语重心长地告诉自己的孩子： "你们要带走的东西，不是金钱，不是珠宝，不是钻石，而是智能！智能是任何人都抢不走的，只要你活着，它就永远跟随你。无论逃到什么地方，你都不会失去它。" 在犹太人的社会中，几乎每个人都认为，学者远比国王伟大，也远比富翁伟大。正是由于他们对智能的重视，所以全世界犹太民族非常有智慧，非常富有。犹太民族在美国只占人口的1.9%，可是美国排名前400位的富翁，有100位是犹太人。获诺贝尔奖的科学家，犹太人是其他民族的100倍。犹太人不但"控制"着华尔街，"统治"着好莱坞，甚至"操纵"着全美新闻媒体。马克思、弗洛伊德、基辛格以及格林斯潘和东南亚金融风暴期间令亚洲闻之色变的索罗斯都是犹太人。美国人有句话，全球财富在美国，美国人的财富在犹太人口袋里。这就是犹太人长期重视智能开发的结果。 二、相机介绍多元智能： 1. 你对智能有哪些了解？（你是怎样了解到的） 2. 教师相机补充讲解：（投影） 科学研究发现，人的多元智能有这样几个特点：	学生交流对多元智能的基本了解。 学生倾听，了解多元智能是人类与生俱来的一种特别的天赋。 观察九种色彩表现的智能名称，了解色彩与智能的对应关系。 观察智能结构花，根据其优势智能分析判断两位老师分别是谁。 根据带状智能结构图，分析比较教师两个时期的智能发展特点。	了解学生对多元智能理论的初步认知情况，教师相机补充相关内容。 让学生了解智能是上天赋予每个人的财富。应当珍惜它，不断开启它，而不能关闭它。 智能平等、学科平等，提醒学生学好每一门课程。 用不同色彩表现不同的智能，以帮助学生直观形象地观察、分析智能。 用学生最熟悉的老师的多元智能结构图，引导学生分析判断，为学生制作和表现自己的智能结构打下基础。

续表

教师活动（详案）	学生活动	设计意图
A、每个人与生俱来都有九种或九种以上智能（投影：多元智能饼）。 B、各种智能会受先天或后天的影响，启发或关闭。 C、各种智能的发展是不均衡的。 D、每个人的智能会出现不同的组合。智能的组合不同，会导致兴趣、学习方式、工作方式的选择不同。 E、每一种智能都同等重要。 3. 假如我们用不同色彩表现不同的智能，请观察各种色彩所表现智能是什么。（投影）（图卡） 红色——肢体运作智能 橙色——音乐智能 黄色——人际交往智能 绿色——自然观察智能 蓝色——数学逻辑智能 靛色——语言智能 紫色——视觉空间智能 白色——自我认识智能 黑色——存在智能 三、观察判断老师的多元智能结构： 1. 观察贴图——两朵多元智能花。 这是你们最熟悉的两位老师的多元智能结构图——美丽的多元智能花。请根据花瓣长短猜猜各是谁？你是怎么猜出来的？ 2. 观察两张多元智能带状图卡： 这是用柱状图表现的另一位教师小时候和现在的智能结构图，你有什么发现？ （其实，我们每个人大脑的智能结构都可以用这样的方式表现出来） 四、自制自己的多元智能花： 1. 冥想，在脑中想象自己的多元智能花。（音乐） 2. 你能用九色卡纸为自己制作一朵多元智能花，表现你独特的智能结构吗？ 3. 在小组内大声说出自己的优势智能。	冥想1分钟 人人动手，用彩色卡纸、剪刀、双面胶等工具制作自己的智能结构图。 开火车，大声说出自己的优势智能。	给予冥想和制作时间，引导学生审视自我，分析自我，展示自我智能发展的特点。 开火车，大声说出优势智能，让学生肯定自我，欣赏自我，树立自信。

八　自我认识智能

续表

教师活动（详案）	学生活动	设计意图
4. 下面给大家表现一个优势智能的机会，谁愿意用独特方式来展现你的优势智能，让大家猜一猜。 （奖品） 五、投影，思考："我的优势智能是怎样形成的？" 1. 欣赏欣赏你的多元智能花，好好看看你的那个最大的花瓣，想一想，你的优势智能是怎样形成的？ 2. 小组交流："我的优势智能是这样形成的"。 3. 推荐小组代表——全班分享交流某一优势智能的培养方法：（PPT） 我的优势智能是—— 我的这一优势智能是这样得到发展的—— 六、我想做一朵这样的多元智能花 1. 你喜欢自己的多元智能花吗？（喜欢，可以，不喜欢，能说说吗？）如果让你再做一朵，你希望做成怎样的？ 带着这种愿望，带着这种憧憬，我们为自己的未来再设计一朵你理想的多元智能花。 2. 学生再次制作多元智能花 3. 写上你的名字，将你理想的花展现出来 ——在小组内小声交流——这节课有什么收获，对自己智能的开发有什么设想。 七、投影，配乐朗诵 此刻，我们的眼前呈现出46朵奇异的多元智能花，这是 《我是一朵神奇的花》（附后）	先独立思考后小组交流。 选择2名同学，利用实物展示平台进行全班交流。 学生热情赞美 同学大方接受，致谢。 学生贴花 表达感受 和教师合作朗诵	引导学生发现、提炼出优势智能的培养方法 引导学生发现、欣赏自己的同时，也能发现和赞美他人。让赏识赞美这一滋润生命的甘露，滋润每一个人的心田。 让五彩缤纷的多元智能花盛开在新华园。 引导总结提升 让学生在对自我的赞美中自信、快乐

活动素材

《我是一朵神奇的花》

我有一朵神奇的花，
它是那样与众不同，
它有九个色彩的花瓣，
那是九种不同的智能。

智能没有高低贵贱之分，
只有类型和组合的不同。
每一种智能同等重要，
每一种聪明都值得称道。

我有一朵神奇的花，
它像芯片一样置入我的脑际，
千百年人类发展的信息，
在这朵神奇的花上贮存。

我有一朵神奇的花，
它就是美丽的多元智能花。
父母用爱的营养为我浇灌，
老师用智慧的甘泉促它发展。

我们都是一朵神奇的花，
我们都是潜在的天才儿童，
我们都是独一无二的造化，
我们都是大自然的奇葩。

只要我们扬其所长乐观向上，
只要我们身心和谐全脑开发，

待到七色花怒放的时刻，
定将辉映出生命的光华！

《我是自然界最伟大的奇迹》

师　自从上帝创造了天地万物以来，
　　没有一个人和我一样，
　　我的头脑，心灵，眼睛，耳朵，
　　以及双手，头发，嘴唇都是与众不同的。
　　言谈举止和我完全一样的人以前没有，
　　现在没有，以后也不会有。
　　虽然四海之内皆兄弟，然而人人各异。

齐　我是独一无二的造化，
　　我是自然界最伟大的奇迹。

师　我是独一无二的奇迹，
　　我的心中燃烧着代代相传的火焰，

齐　它激励我超越自我，
　　我要使这团火焰燃烧得更旺，
　　向世界宣布我的出类拔萃，
　　我是自然界最伟大的奇迹。

师　我是千万年进化的终端产物，
　　头脑和身体都超过以往的帝王和智者。
　　但是，我的技艺，我的头脑，
　　我的心灵，我的身体，
　　若不善加利用，
　　都将随着时间的流逝而迟钝，腐朽，
　　甚至死亡。

齐　我的潜力无穷无尽，
　　脑力，体能稍加开发，
　　就能超过以往的任何成就。

从今天开始，我就要开发潜力。

师　飞禽走兽，花草树木，
　　风雨山石，河流湖泊，
　　都没有像我一样的起源，
　　我孕育在爱中，肩负使命而生。
　　过去我忽略了这个事实，
　　从今往后，
　　它将塑造我的性格，引导我的人生。

齐　我会成功，因为我举世无双。
　　我是自然界最伟大的奇迹。

故事《惟独智能随终身》

犹太人非常重视通过学习开启人的智能。假如问中国人，人生最重要的是什么，估计很多人都会回答是金钱、地位或者家庭。但是犹太人的回答一定是智能。智能来自犹太人的宗教传统，在犹太人的心中，占有举足轻重的地位。犹太人不断地受到迫害，房子、财产有如昙花一现，因此在犹太儿童还没有长大成人之前，他们的父母就会教育他们，智能比财富和地位都更重要。下面这个教育故事是犹太人的经典故事：

"假如有一天，你的房子被烧毁，你的财产被抢光，你将带着什么东西逃跑呢？"母亲问。"钱，"一个孩子回答说。

"钻石，"另一个孩子这样说。

"有一种没有形状、没有颜色、没有气味的东西，你知道是什么吗？"母亲继续问。

孩子们左想右想，却找不到答案。

母亲笑了，接下去说："孩子，你们要带走的东西不是钱，也不是钻石，而是智能。智能是任何人都抢不走的，只要你还活着，智能就永远跟随着你，无论逃到什么地方，你都不会失去它。"

智能的观念就这样深深扎根在犹太人的心中。在犹太人的社会中，几乎每个人都认为，学者远比国王伟大，也远比富翁伟大。

九、自然观察智能

开辟多元的美育空间

何 君

在经济全球化，社会发展日趋同化的今天，"教育成就未来"已成了人们心目中普遍的真理。世界各地的教育也正掀起一场探索与创新的革命。发展中的世界迫切呼唤着一种与时俱进的教育与策略。美国发展心理学家、教育家霍华德·加德纳研究表明：人类思维和认识世界的方式是多元化的。现代西方文化哲学也普遍认为世界多元文化格局已是历史的事实。我们的世界是多元化的，我们的教育应是如何应对"多元"呢？当今研究教育的各种流派无一例外地把艺术作为研究教育的载体。美术教育众多成功的探索证明了：只有将知识的传授与育人的规律相结合，尊重学生的认知规律、成长规律，着眼于学生终生发展奠基，充分整合社会课程资源，才能实现教育多元化。我们的教学又应进行怎样多元的探索？

▽九 自然观察智能△

（一）多渠道体验，给学生一个激情感悟的空间

《学习的革命》中有这样一句话：当学习充满乐趣时才有效。美术教学是注重培养人们利用三维空间的方式进行思维、创造的，霍华德·加德纳教授把它归为空间智能的范畴。悬念迭起的教学设计往往会激起学生深入探索的激情，往往在这样的激情感召下人才会迸发出惊人的创造。

"装在瓶子里的春天"：我在一年级《春天》一课中有这样的设计：

第一步：在学生通过视、听、触甚至味觉去充分感受春天之后，我拿出一个盛满绿色水的透明瓶子问："老师把春天装进了瓶子里，你猜

猜我装了些什么?"正当孩子们满脸疑惑时,我往瓶子里又加了些蓝色颜料。再次调和。然后神秘地问:"我装进了春天的青山绿水,你想象我还装了啥?"伴随着我不停地往各种瓶子里加入深深浅浅的颜色。孩子们兴奋的小手争先恐后地举了起来。

指着绿水的说:那里有嫩芽,有新叶,有草丛,有山河,还有青蛙——

指着黄色的说:那里有雏鸟,有阳光,有菜花——

指着赭色的说:那里有老牛,有泥土,有树丫——

孩子们个性而创意的联想让我惊诧不已,谁不会被他们细致入微的观察和联想所折服呢?

第二步:还是端起那翠绿色的水,我模仿电视明星来了一句广告词:"晶晶亮,透心凉,雪碧!你喝了没有?"台下的孩子被我"酷酷"的举动逗乐了,我顺势邀请一个极富表演能力的孩子也给他一瓶黄色的水让他上来"秀一秀"。小孩子灵机一动,往清水瓶子里加了明黄摇摇瓶子如法炮制道:"酸酸的,甜甜的,鲜橙汁。我新制的饮料!"只听见教室里一片欢呼。就这样玩得心动,玩中有获,不亦乐乎!接下来没有一个孩子不跃跃欲试,大家手忙脚乱地拿起色彩调开了。不一会儿我眼前的那些普通的颜色水立即成了孩子们描绘的可乐、牛奶、咖啡、香槟、洗发水……那么妙趣横生的创想!让我始料不及,自愧不如。把感知色彩,认识色彩,调制色彩放在一个娱乐的环境里来学和教,把一向严肃的课堂变成了生产快乐的场所,又有什么不好?

第三步:我不忘给学生沁润"设计无处不在"的实用美术观点:把春天装在瓶子里,把春天穿在身上,用春天装点我们的生活——刹时,孩子们与色彩有了更亲密的接触。那些色彩更戏剧化地被他们所应用。这样别具一格的体验,留给孩子的感悟是深远的。

(二)人文化的教学设计给学生构建一个爱的空间

"送她什么礼物?":在注重创造性教育的素质教育改革过程中,我们愈来愈清晰地认识到，如今小孩身上有了张扬的个性，却少了与世界和谐发展的能力，处世冷漠，缺乏爱心。然而研究表明人的智力活动受情商的控制，智商只占成功因素的20%，而情商则占了80%。近年来爱的教育已经在世界悄然兴起。我不忘把欣赏课作为给学生回放历史，传承文化，陶冶情操的契机。在二年级的雕塑欣赏课《收租院》中我给学生出了一道附加题：你想送给她什么？（通过讲述历史，通过自己的观察，体会和联想唤起学生沉睡的同情心。）学生作业上画着：一个温暖的家、一套美丽的服装、一个舒适的环境、好多好多的金元宝……与其说我收到的是孩子们独具匠心的作业，不如说我这里汇聚了一颗颗被深深触动的心灵。那些或风趣或幽默的图画，稚拙却又真实。这样看来，如果说人的天赋是可以挖掘的，那么人的情商也一定可以闪烁出艺术的火花。这一幅幅饱含深情的图画难道不是情感牵引出的最真实的写照吗？

（三）整合课程资源给学生一个释放才情的空间

成功的事例告诉我们，一个孩子至少需要一百次地释放潜能，才会成为一个杰出的人，如果咱们用激情千百次的唤醒，一个难以想象的好孩子就会站在你的面前。

"'秀'在'非典'进行时"：身为美术老师要随时张开获取信息的触须，并以这种状态随时影响着身边的学生。2003年春夏之交，正值SARS病毒肆虐中国人民的时候，校园内外异常恐慌。然而，我与孩子们又在校园里掀起了靓丽的服装秀，其乐融融，美不胜收。有自然创想系列、校园抗"非典"系列、民族风情系列、自由创想系列……，这样的设计创意来源于对大自然最纯净的向往，来源于对时事的反思，来源于对历史文化的追忆，来源于对各学科元素的积累……在这样"巧夺天工"的设计展示中，你一定能够读到小小年纪的他们对世界的宣言，和面对成长进行的憧憬。谁能断言我今天的服装秀不能成就将来的著名设计师、模特、表演艺术家？甚至更多……重要的是孩子们在这样的设计、制作、演绎过程中一直是快乐的，享受的。作为老师亲历孩子的成长，我一直是被感染的，是幸福的。

（四）心灵沟通给学生一个完整的成长空间

"妈妈的像"：母亲节的时候，我让学生为妈妈画张像，却意外地发现有个小女孩哭了，她迟迟不肯动笔。后来才知道小女孩的妈妈在她才三个月时就去了美国，她一直跟小姨生活，家里人都试图不让她知道些什么。她要画妈妈的样子也只能从小姨的相貌来推断。面对这样一个生活有缺陷的孩子，我想或许绘画能帮上忙的。在与孩子慢慢沟通时，我不由自主地被小姑娘的故事吸引了，我努力帮助她收寻关于妈妈的种种假设。我与她一边聊，一边示意她把自己的愿望画下来。当孩子将作业呈现给我时，我无法评定好与不好，像与不像。面对孩子的画就如同面对孩子的内心世界和感受。老师的言语与行为稍不留意就会伤到孩子的感受，画得好与不好是技术问题，跟艺术的关系不大。小女孩的作业或许普通，不知道你注意到了没有，画面上小女孩的妈妈穿了一件具有中国特色的"唐装"。把异国他乡的妈妈打扮得如此传统、典雅，你不难从中窥视出孩子那颗对母亲眷恋的心。画面上的自由女神与长城近在咫尺，画面上小女孩有了天使般的翅膀，悄悄降落在妈妈身旁。心与心的距离还会远吗？是绘画让孩子的思念圆了一个未了的梦！

我时常感叹于陶行知先生的一句话：美术家罗丹是一面造石像，一面崇拜自己的创造，教师的成功是创造出值得自己崇拜的人。无数次和孩子们共同创造的经历，使我愈来愈崇拜我的孩子们。同在一个滋生梦想的校园，在与孩子们相处的日子里，真、善、美是教育永恒的主题，咱们这个多元的世界呼唤多元化的教育。用发现的目光、敏感的心去开辟，去创新，我们一定能成就世界最美的多元！

课堂实录：认识钟表

苏 钰

教学内容

北师大版第一册第 90~91 页

教学目标

1. 结合学生的生活经验认识钟面，能区分分针和时针。
2. 学生经历丰富有趣的活动，使他们会认读整时和半时。
3. 通过教学，使学生初步树立时间观念。同时，从小就培养学生有规律的作息和珍惜时间的良好行为习惯。

教学重点

会认钟面上的整时和半时时刻。

教学难点

正确、迅速地读出半时时刻。

材料准备

学具钟，实物钟表，钟表模型，多媒体课件。

课前设计

这一部分内容是一年级新教材的新增内容。根据学生的年龄特征来

▽ 九 自然观察智能 △

看，这一部分既是一个难点，也是一个重点。教材的编排意图是先让学生初步从生活中感知时刻，再认识分针和时针，最后能辨认整时和半时。知识点相对比较集中，为了分散难点，我在教学设计中着力突出以下特色：

（一）尝试采用多元智能理论进行教学。

根据学生的年龄特点，要能正确区分分针和时针对他们来说实在有些困难。在教学设计中，我想先通过学生的视觉学习方式来记忆分针和时针，同时儿歌是小朋友最喜欢的形式，最后安排学习钟面歌，同时带有肢体学习，对钟面的记忆更加深刻。

在认识整时和半时的学习中，我想一定要通过学生的观察、操作等多种方式来学习，不断激活学生的多种智能，突破难点。

在练习的设计上，我除了书本知识过手外，还安排了亲子活动，活跃了学生的人际智能。

本节课的设计着眼于通过各种智能教学来突破难点，使本堂课不再是一堂纯的数学课。它对于学生的意义更加重大。

（二）教学源于生活，体现数学生活化。

本节课的内容就是源于生活，于是在教学中更要紧密结合生活展开教学。如学生观察了小明的一天后，我设计让学生结合生活说说时刻，让学生感觉我们的数学就在身边。

步骤	老师的活动	学生的活动	设计意图
引入	由谜语引入，挂出钟表。	猜谜语活动。	用"猜谜语"的方式给学生一种新鲜感，从而营造宽松的学习环境，吸引学生的注意力，提高学生的学习兴趣。

续表

步骤	老师的活动	学生的活动	设计意图
新授	1. 认识钟面。 （1）投影主题图，让学生观察。 （2）让学生分组观察学具钟。 （3）多媒体演示钟面。 （4）运用肢体来教授钟面儿歌。	1. 观察主题图。 2. 观察学具钟，汇报。 3. 学生跟做动作学习钟面歌。	认识时刻的关键是辨别时针和分针的位置。这里通过学生的看一看，说一说，比一比等实际操作能准确辨认时针和分针，通过学生的视觉、人际交流、肢体等智能来学习，为辨认下面的时刻打下了基础，培养学生的观察能力和交流能力。
	2. 认识整时。 （1）出示7时，教授学生认识分针和时针的位置特征。 （2）出示2时，学生自己判断学习。 （3）让学生拨钟。	1. 观察学习7时。 2. 学习2时。 3. 拨钟学习8时。	整时的出现对于一年级的学生来说，是一个难理解的概念。这里根据学生的认知特点开展观察、辨认和动手操作等活动，极大活跃学生的肢体智能，学到了新知，得到了发展。
	3 认识半时。 （1）让学生比较学习7时半。 （2）观察学习半时。	观察比较学习。	半时的认识对于一年级的小朋友有很大的困难。这里通过了视觉学习和大量的肢体操作活动，分散了难点，同时培养了学生的观察和动手能力。
练习	出示时刻。 完成书上练习十六。	抢答时刻。同伴交流。	巩固知识，同时通过交流活动活跃学生的人际交往智能。

课堂实录

（一）猜谜激趣，引入新课。

师：小朋友，老师给大家带来了一件宝贝。你们想看看吗？

师出示一个盒子。

师：下面，请你们先听我讲一讲这件宝贝。然后来猜一猜它是什么？

师：它有三条腿，白天、黑夜不停地奔跑，还会发出滴答、滴答声提醒你早睡早起养成好习惯。

生：钟表。

待学生猜完以后，老师出示钟表。（挂在黑板前）

（二）交流操作，自主探究。

1. 认识钟面。

（1）观察主题图，初步认识钟面。

投影90页的主题图，学生翻看主题图。

师：这一幅图是小明一天的学习和生活，你能说说小明在什么时间干什么事情吗？

学生充分发言。

生：小明7点钟起床，8点钟去上学，中午12点下课，吃午饭，下午4点放学，晚上7点吃晚饭，晚上8点睡觉。

师：谁能说说你自己是什么时候起床和睡觉吗？

生1：我是早上7点半起来，晚上9点睡觉。

生2：我是晚上8点半睡觉。

……

师：如果我们学会了看钟表，也能像小明一样合理地安排我们的学习和生活。

（2）学生观察，认识钟面。

师：接下来，我发现许多小朋友都很想认识我们的钟表了。请小朋友们拿出你的学具钟，看一看，钟面上有什么？

学生组的汇报：

a. 有两根针，长针和短针。

师引导认识分针和长针。学生看自己的学具钟辨认。

b. 有数字，从 1～12。

在教师的引导下，学生明确钟面有 12 个数字，从 1～12 围成一圈。

学生在学具钟上按照从小到大的顺序数出 12 个数字。

c. 有小点，把钟面分成了许多的小格子。

（3）多媒体演示钟面介绍。

师出示分针和时针的图例，强调长的是分针，短的是时针。

师：数字 12 在钟面的什么方向？

数字 6 呢？9 呢？3 呢？

生：数字 12 在上面，6 在下面，9 在左边，3 在右边。

师：谁能说说时针或分针的转动方向？你能用手势比一比吗？

一学生画出方向，师指出时针或分针的转动方向是按照顺时针方向转动的。

师生共同拨一拨钟，明确转动方向。

师：认识了钟面，我们共同来一首钟面歌休息休息。

师生共同学习（比动作）：

一个钟面一个圆，12 数字围一圈。

3 在右，9 在左，12 在上，6 在下。

分针长，时针短，分针、时针顺时转。

小朋友，要抓紧，时间老人不等你。

早点睡，早点起，身体健康学习棒。

学生个个比得兴趣盎然，学习起来轻松有趣。

2. 认识整时和半时。

师：你们已经认识了钟面，会看时间吗？

谁能说说这个钟面所指示的时刻是几时？

生：这是 7 点。

师：7 点是对时间的口头表达，在数学语言中，我们应该准确地说是 7 时。

集体跟说：7时。

师：请观察，分针正好指向几？时针正好指向几？

生：分针指向12，时针指向7。

集体边比手势边跟说：分针正好指向12，时针正好指向7。

师：这个时刻是7时。（板书7时）

学生读7时。

师出示2时。

师：根据刚才的学习，请你静静地在脑子里想一想，现在的时刻是几时？

师：你是怎么知道的？

生：我是这样知道的：分针指向12，时针指向2，现在是2时。

师：你真的太聪明了。

学生集体说：分针正好指向12，时针正好指向2，这个时刻是2时。（板书2时）

师：我们来做个游戏好吗？

我说一个时刻，你们来拨一拨，比比谁又快又好。

生表现出极大的学习兴趣。

师：8时。

大家纷纷拨钟。

师：你是怎么拨的？

请学生在实物投影仪上展示。

引导学生找规律。

师：请小朋友读一读这三个时刻。请大家看一看，7时、2时和8时都叫做整时。当表示整时时，分针都怎么样了呢？

师生共同归纳：当钟面上分针都指向12时，时针指向几就是几时。

学习7时半。

师：这个时刻你认识吗？（许多小朋友露出困难的表情。）

师：接下来，请小朋友看7时和这个时刻的钟面，比较两个钟钟面的时针和时针,分针和分针,它们所指的位置有什么不同?

生:7时的分针指向12,时针指向7;7时半的分针指向6,时针走过7。

师在实物投影仪上面边演示边说,学生跟说:请大家跟我一起拨出7时。分针由原来的12出发,走过1,走过2,走过3,走过4,走过5,走到6,它累了,不走了。分针走了整了钟面的一半,现在就是半时。时针由正好指向7到走过了7,有没有超过8?时针在7和8中间,现在就是7时半。

(板书7时半)

学习4时半。教师在实物投影仪上投出4时半。

师:你认识这个时刻吗?

生:4时半。

学习11时半。按照同样的方法学习,引导学生找规律。

师:我们上面认识了整时,现在我们认识的是?在表示半时时,我们的分针有什么变化?时针呢?谁能找到它们的规律?

学生:分针指向6。

师小结:分针都指向6,时针走过了几,就是几时半。

课堂实录:《鸟的天堂》激情创景

谢洪艳

课前设计

多元智能理论告诉我们,学习可以更轻松更有效,只要我们设计出各种不同的教学方式以适应每个学生的差异,就可以让学生在自身擅长的领域中得到更好的发展。语文新课标也明确指出：语文教学要充分运用现实生活中的资源，努力构建课内外联系、学科间融合的语文教育体系，拓宽语文学习的形式、渠道。由此可见，多元智能理论和语文新课标都主张要给学生搭建一个宽阔的学习平台，使学生在更广阔的空间里学语文、用语文，开发多种智慧潜能、丰富知识、提高能力。

《鸟的天堂》是小学语文教材第十一册第五组课文的第一篇讲读课文。指导学生学习本组课文时，我结合学生的生活经验和优势智能，鼓励学生独立思考、互相交流对课文的理解和感受，发展学生的多元智能。

（一）运用声像科技，发展儿童的多元智能。

运用录像、电影等声像科技，可以刺激学生的视觉、听觉等多种感官，激活学生的视觉——空间智能、语言智能、音乐智能等参与学习，使学习变得更丰富更有效。在教学《鸟的天堂》时，我特别制作并放映了有关鸟的天堂的VCD，不仅让学生清楚地看到了大榕树的根、枝干、树叶以及鸟儿活动的场面，还听到了悠扬的轻音乐、优美的语言文字解说。由于多种智能的参与，学生在初步感知课文内容时就留下了深刻的印象，同时激起了他们学习下文的兴趣，诱发了好奇心及求知欲。

（二）运用小组学习方式，发展儿童的多元智能。

由于人的智能组合方式不同，因而学生的兴趣爱好、学习方式也会有较大的差异。为此，在教学《鸟的天堂》时，我总是给学生选择的自由。一是自由选择课文内容；二是选择与自己学习方式相近的同学组成学习小组；三是选择小组最擅长的读书方式学习并表达自己的见解。如选择绘画、诗歌创作、朗诵……，这样就能让学生在各自擅长的领域中有效地获取知识，同时也能更好地促进学生多种智能的发展。

（三）利用学科间的整合，发展儿童的多元智能。

利用学科间的整合，可以更好地培养儿童的综合素质，发展儿童的多元智能。在教学《鸟的天堂》时，我尝试把美术带进课堂，让学生在整体感知课文内容、与作者产生共鸣时，用画画的方式来表达对课文的理解。我想，这种整合，一定会拓宽学生语文学习的形式，使学生的语言、视觉空间智能都能得到相应的提高。

教学目标

1. 认识榕树的奇特和美丽，体会大榕树上众鸟纷飞的壮观景象。接受美的熏陶。
2. 通过教学，引导学生自读自悟，说出阅读理解，培养学生的阅读能力。
3. 有感情地朗读课文。

教学重点

阅读、思考，并把自己的思考表达出来。

活动材料

1. 鸟的天堂的光盘。
2. 课文第 7、8、12、13 自然段的文字资料。

教学过程

教学流程	教学指导	学生活动	设计意图
引入新课	1. 复习引入； 2. 课文主要写什么。	思考 回答问题	初步整体感知课文，为深入理解课文内容埋下伏笔。

续表

教学流程	教学指导	学生活动	设计意图
活动一：欣赏"鸟的天堂"的VCD。	1. 找出课文中具体描写大榕树和鸟儿活动的自然段； 2. 自由选择内容和学习方式，进行分组学习交流。	独立思考，找出课文中描写大榕树、鸟儿的自然段 小组讨论、交流	让学生根据自己的喜好，自主地选择学习内容、学习方式，为挖掘学生的多种潜能留下了一片空间。
活动二：汇报读书心得。	根据选择的课文内容和读书方式在全班进行交流，理解课文内容。	思考、交流	鼓励各小组运用各自的优势智能表达对课文的独特感受和理解，在交流中互相欣赏，并开启自己的其他智能。
活动三：将美术引入语文教学	这株美丽茂盛的大榕树上还缺少些什么呢？	学生画鸟、到黑板上贴鸟，欣赏	将语文与美术整合，调动学生的语言、视觉空间智能共同参与学习，培养学生的综合素质，发展学生的多种智能。
活动四：小结，领悟写作意图。	这株大榕树为什么会成为鸟儿栖息的家园呢？	学生思考，回答	加强语文学习与生活实际的联系，增强学生的环保意识
活动五：扩展	课后，收集资料，尝试写出"鸟的天堂"的导游词	收集资料 尝试写导游词	扩大知识面，训练写作能力。

课堂实录

师：同学们，昨天的语文课上，我们跟随巴金爷爷在日落的黄昏去了一个叫鸟的天堂的地方，看到了一幅奇丽的景色，那是一株(　　)。

生：大榕树。

师：第二天早晨，我们跟随巴金爷爷第二次又经过鸟的天堂，看到了一幅非常壮观的场面，那就是(　　)。

生：鸟儿的活动场面。

师：今天，请孩子们再次跟随巴金爷爷一起去细细游览那美丽的鸟的天堂吧！

（师生共同欣赏鸟的天堂的VCD）

师：欣赏完了鸟的天堂的景色，请同学们打开书，快速默读课文，看看作者具体描写大榕树的是哪些自然段？具体描写鸟儿活动的又是哪些自然段？

（学生默读、勾画）

生：具体描写大榕树的是课文第7、8自然段，具体描写鸟儿活动的是课文12、13自然段。

师：哪些同学愿意为我们朗读这几个自然段，其他同学边听边品味，你更偏爱作者笔下描写的哪一次的景象？

（抽读、听读）

生1：我更偏爱作者笔下描写的第一次来到鸟的天堂的景象。

生2：我更偏爱作者笔下描写的第二次来到鸟的天堂的景象。

生3：我两次都喜欢。

师：哪些同学喜欢第一次来到鸟的天堂的景象？

（有十多位学生举起手来）

师：哪些同学喜欢第二次来到鸟的天堂的景象？

（大部分学生举手）

师：两次都喜欢的有哪些同学？

（几位学生举手）

师：自读喜欢的自然段，用你自己平时最喜欢、最擅长的读书方式表达你的喜爱之情。

（生自读喜欢的内容。）

师：下面分小组学习，在小组内说说自己刚才的读书心得，并且要有自己的独到见解。

（学生分组、讨论、交流。）

师：哪个小组的同学来发言，你们喜欢哪一次的内容，想用什么样的读书方式表达你们小组的见解？

生：我们小组非常喜欢描写大榕树的部分，因为作者为我们描绘了一株非常美丽的茂盛的大榕树。

师：你们是怎么体会到的？

生：我们从这段话中体会到的："那么多的绿叶……在颤动"。尤其是这段话中的"堆"、"一簇"、"不留一点缝隙"，让我们体会到榕树的叶子非常茂密，非常多。我们还从"翠绿"这个词体会到榕树的叶子非常美，从"颤动"这个词体会到榕树的叶子绿得好像有生命力似的。

师：你能把刚才体会到的内容用一个词恰当地板书在黑板上吗？

（生上台板书：　　　　　　）

师：你想用什么样的方式表达你的见解？

生：用感情朗读的方式来表达我的见解。

（学生感情朗读）

师：还有没有哪一组的同学也喜欢描写大榕树的部分？

生：我们小组也非常喜欢这一部分，还从这个地方体会到大榕树的大与美丽。（生读"我有机会……卧在水面上"。）我们还从"不计其数"这个词体会到榕树的枝干很多。

师：你们读"又"、"直垂"、"伸进"这些词时，又体会到什么？

生：体会到了榕树的根和一般的根不同，很特别。

师：你能把你刚才的体会恰当地用一个词板书在黑板上吗？

（生上台板书：　　　　　　）

师：你想用什么样的方式表达你们的见解？

生：我们组想用画图的方式来表达我们的见解。

（学生一边叙述一边在黑板上画出了一株枝繁叶茂的大榕树）

师：这个组的同学真不简单，不仅运用了边叙述边绘画的方式来表达他们的感受，而且绘画技巧也非常高，寥寥数笔就勾勒出了一株枝繁叶茂、充满生机与活力的大榕树。老师和同学都被你们的画打动了。来吧，孩子们，让我们再次深情地朗读，去领略这株大榕树的美丽与茂盛吧！

（学生感情朗读此段）

师：下面我们就请喜欢第二次众鸟纷飞景象的同学发表他们的见解。

生：我们小组非常喜欢众鸟纷飞的景象。因为作者为我们描绘了一幅热闹的场面。我是从这个地方体会到的："我们继续拍掌……在扑翅膀"。尤其是从两个"到处"体会到鸟儿多。

师：还从这段话中体会到什么？

生：从"大的、小的、花的、黑的"体会到这些鸟是大小不一，颜色各异的，还从"有的……有的……有的……"体会到鸟儿在这株榕树上活动时姿态万千。

师：那你能把刚才体会到的用恰当的词语板书在黑板上吗？

（生上台板书：　　　　　）

师：你们还想用什么样的方式来表达你们的见解呢？

生：用感情朗读的方式。

（学生感情朗读）

师：鸟儿在这株美丽茂盛的大榕树上生活是多么自由、快活、幸福，所以作者把这株大榕树比作什么？还可以称作什么？

生1：鸟的天堂。

生2：鸟的家园。

生3：鸟的乐园。

师：请孩子们看一看，我们黑板上这株美丽茂盛的大榕树上还缺少些什么？

生：鸟。

师：下面就请同学们在这株美丽、茂盛的大榕树上添画小鸟。

（学生自由地到黑板上画出大小不一，颜色各异、不同姿态的

九 自然观察智能

小鸟。)

师：多么美丽茂盛的大榕树，多么活泼欢快的小鸟，真是一幅大自然欢乐和谐的美妙画卷，看到这一切，难怪作者会在课文最后情不自禁地赞美到（　　）

生："那鸟的天堂，的确是鸟儿的天堂啊！"

师：这株大榕树为什么会成为鸟儿栖息的家园呢？

生1：因为当地污染小，适合鸟儿的生长；

生2：因为当地的农民环保意识强，爱鸟、护鸟。

生3：……

师：这里早已成为我国的一个旅游胜地。同学们，利用你们在这节课学习到的知识以及你们收集到的资料，试着写出一篇简短的导游词，将鸟的天堂的美传递给每一位旅游者。

十、班级与课堂管理

"大班化"教学巧多元

罗 馨

学习和研究多元智能理论已有好几个年头，长期以来，一直都在探索他人的教学手段、内容和方法。当然这种前期的模仿和借鉴对于初识多元理论也起到了一定的促进作用。但是自己随着多元智能理论指导下的相关理论和观念的深入学习和领悟，越发感觉底气不足犹如建造"空中楼阁"一般。偶然间在一本教育杂志上读到这样一段话"中国教育发展的主要推动力量是成千上万教育工作者创新性模仿，不再是对个别实践模式的简单模仿，因为，任何不顾实情的简单模仿最终都不会取得真正的成功。"

是的，我们太过于对他人的模仿而忽略了自身的实际情况。所以看似精妙的科学理论，甚至是有效的实际操作的方法，用在自己的身上就失去了魔法。因此，我开始不断地对比，发现了很多的不同之处。

	别人的特点	自身的情况
年龄段	主要集中于幼儿，国外也有涉及初、高中生（幼儿的自我意识较弱）	小学生6~12岁（自我意识越来越强）
家长期望	开心的玩耍、身体健康（学习压力很小）	学知识、好成绩（有一定的学习压力）
评价标准	开展的各项活动为主（评价多元化）	以学习评价为主（评价单一化）
教学规模	越来越小班化教学（教师更能关注个体）	班级较大50人以上（教师关注个体的能力较弱）

不难发现，由于实际情况的不相同别人的方法并不见得就适合你。分析中我认为教学规模更多地影响了多元智能的进一步深入。但是我们的班级人数是不可能改变的，在不可能改变人数的情况下，我们只能改变我们对待大班化教学的策略，让多元之花绽放。

策略一：拆分法

多元智能理论指出，每个学生都有自己的优势智能领域，人人都是可育之才。我们应当关注的不是哪一个学生更聪明，而是一个学生在哪些方面更聪明。因此，我们在"大班化"教学中要想真正的做到面向全体学生，就应该努力观察每一个学生的优势智能，根据多元智能理论中提到的几种智能，将具有相同优势智能的学生归为一组。这样整个班级在课堂教学中化整为零，具有相同优势智能的学生可以在一起进行充分的讨论、研究，发表自己的看法。教师也相应地将目标缩小成几个组，从而达到小班教学的效果，针对性也加强了。经过这样的拆分，学生对自己的优势智能更加地肯定，同一个组中的学生优势只能得到了强化。信心和清楚地认识自己的智能是学生进行学习的最好的推动剂。我在教古诗《饮湖上初晴后雨》时让学生自由组合利用自己的优势智能来理解。孩子们立刻变得兴奋起来了，兴致高昂地寻找自己的知音。其中最具特色的是胡迪伟组用表演的方式来演绎"水光潋滟晴方好，山色空蒙雨亦奇"。胡迪伟扮作漫步于西湖的妙龄少女，步履款款，原本胆小害羞的江珊却是少女身后的打伞人。两人一前一后，一言一语，一静一动，将细雨中的西湖美展现给同学。不由地赢得阵阵掌声。我想掌声不仅仅是给我们班擅长表演的胡迪伟，更多的掌声是送给平时默默无语的江珊。她也同样具有丰富的肢体语言。也有将这首诗配上流行歌曲的调唱出来的，别有一番风味。这个办法让我发现：刚开始在班级进行相同优势智能拆分的时候，很多课堂上胆小或从不发言的学生也想进行讨论，课堂气氛就变得活跃起来，特别是小组汇报的时候每个组每位同学都敢于举手发言。

策略二：合作法

每个孩子都具有加德纳所提出的多种智能，我一直固执地认为所处小学阶段的学生所具备的智能具有不稳定性。有时候作为老师的我认为我们班一个孩子具有较强的语言表达能力，上课的时候尽量让他发挥他的语言优势，但是课堂中这个孩子举手的次数越来越少，甚至躲避老师给他创造的好机会。后来经过沟通发现这个孩子本身并不喜爱用语言智能来解决问题或展示自己，他更喜欢观察和分析他人，并总结他人之所长。为了能在"大班化"教学中更准确地分析每个孩子的智能特点和结构，起到事半功倍的效果，除了相同优势智能的学生在一起研究外，学生根据问题的实际情况进行自由的结合，才能形成有效合作、自主探究，这样的小组学习才能从自身班级的实际情况来促使更多的学生有机会自主地参与到课堂学习活动中来，实现思维的碰撞、情感的交流、资源的共享，在活动中呼吸着自由的空气，体验着自我的成长，感悟着做人的尊严，培养学生团结、互助、协作的高贵品质。合作学习改变了传统课堂的社会心理氛围，作用在于突破了只能让少数人成功的教学现状，可以有效促进学生语言、人际交往等多种智能的发展，实现了教学意义上的全面丰收，让每一位学生享受到教学公平。著名教育家苏霍姆林斯基说过："人的心灵深处总有一种把自己当作发现者、研究者、探索者的固有需要"。

策略三：个性化的教学设计

随着学生年龄的增长他们更喜欢自我挑战。挑战自我、超越自我是学生健康人格的具体表现之一。未来的社会必然面临着竞争，充满着挑战，学生要有适应未来社会的能力。俗话说："是金子，总会发光的。"多元智能课堂中，每位学生都是一块需要打磨的"金子"，教师通过富有个性化的教学设计，唤醒学生的挑战意识，培养学生的自我效能感，让学生感受到了每一次学习的机会对自己都是均等的，课堂是因自己而公平存在着的。学生在教师精心设计的众多挑战任务面前总会找到"一款"自己的最爱。教师还可根据每位学生的智能特点设计个别化教育方案，如组织形式多样化的活动、布置富有挑战性的作业、带领学生进行实践探究性的学习等，都可促进学生多元智能的发展。我在上学期组织的"读书会"的活动就取得了一定的效果，参与人员多，孩子们根据自己的爱好自由成组，在期末的时候有三个组坚持下来并且完成了精彩的读书小组汇报。

当然班级的学生人数较多势必分散老师的精力，但是只要能结合自己班级学生的实际情况，多元智能理论就犹如大海中的灯塔给我们指引一条适合自己的多元之路。

多元智能理论与《我@信息技术》课程

胡 念

我的优势智能扬长班应该怎样设计才能让孩子的智能得到开发与提升呢？在课堂上信息技术教学更着重于开发孩子们的哪种智能呢？这个问题一直缠绕在我的心间。在我刚刚接触多元智能理论时，我就开始尝试结合素质教育和信息技术学科的特点，将多元智能理论运用于信息技术课堂教学实践，至今已经有两年多了。从最开始的茫然不知如何下手到现今能在制定教学计划以及教学实施过程中初步创设多元化教学环境，实施多元化评价等方式来达到信息技术课教学的目标，同时促进学生多元智能的发展，在这一过程中我获得不少的感悟，现将这些感悟整理出来与大家分享。

作为一名小学信息技术教师，我深感在多元智能培养方面，这门课程最大优势在于运用计算机的强大多媒体功能进行情境创设，从而使孩子们在自由欢快的学习氛围中提升个人能力，促进智能发展。以多媒体计算机及网络为核心的信息技术提供了有利于学生多元智能发展的智能环境。学生利用多媒体计算机能进行文字处理、数据分析、作图绘画、编曲欣赏等，而利用网络更能实现各种信息的传递与交流。把多元智能理论融入计算机教学中，在开始课程规划前，我们教师应先仔细审视将要教授的内容，并确认该内容以哪些智能切入较为恰当，然后制定多元智能课程模式与教学计划，这是多元智能理论在计算机教学实践中最佳的切入点。一般而言，学生最喜爱的学习方式就是最直接、最有效的切入点。

我认为在多元智能理论指导下的计算机教学有四个教学阶段：①能力的感知——通过视、听和动手操作实践等多种感官经验激活各种智能，感性认识周围世界事物的多种特征；②能力的认知——通过接触他人、事物或创设多媒体课件设计特定的情景体验情感，调节并强化认识活动；③能力的发展——在教学中传授学习方法与策略，把智力开发与教学重点相联系，帮助学生了解自己的智力程度，发展潜能；④能力的综合运用——通过评估促进学生综合地运用多种智能，使每个学生都能自信地学习，并有所作为。传统陈旧的课堂教学的弊病是有目共睹的，多元智能理论激活了课堂。多元智能的课堂教学应是以发展学生的智能为目标来安排每个教学环节的。因此，我们教师应为学生设计出能体现计算机及其网络优越性的学习任务，且设计任务要顾及到学生现有智能水平的差异，要尽可能涉及一些不同的智能领域，让学生享受到"智能公平"，通过教学环节设置为学生改善、提供全新的学习环境。根据我的教学经验和对多元智能理论的理解谈谈自己的看法：

（一）创设语言环境，多给学生"说"的机会、"表达"的机会，促进学生言语智能的培养

虽说言语智能可能是发展教学方法最容易的智能，但是在信息技术学科课堂教学中却很容易被忽略。在教学中，我尝试着经常给学生"说"的机会、"表达"的机会。例如，针对一些学校实践活动以及话题观点的

讨论，不仅在其中可与其他学科知识整合、渗透必要的德育思想，还可培养学生言语智能。除此之外，对作品的评价、与同伴的交流帮助和用文字的形式表达成作品等都无不在关注学生言语智能的培养与提高。

（二）创建"作品展示"的交互平台，促进学生空间智能、自然观察者智能的发展

信息技术课不同于其他学科，它是知识性、技术性、操作性、创造性、交互性等融为一体的新兴学科。所以，要防止信息技术的课堂教学练习也落入传统教学或考试的模式，信息技术要坚持"创新是主线，信息是关键，操作是手段，作品是体现"的原则，为学生搭建一个成果展示平台。

通过对作品的展示观察欣赏，可以使学生准确地感知视觉空间世界并完成知觉转换，培养学生良好的空间智能和审美能力，以及自然观察者智能。另外，把学生的作品展示交流、相互评价，使学生得到心理上的满足，技术上的提高，创意上的促进，个性上的发挥。从而将学生的认知水平和学习兴趣提高到更高的一个层次。同时，也培养学生交流情感、开阔视野、自我反思和增强监控自身思维过程的能力。

（三）创建多元评价体系，采取多元评价方式，促进学生自省智能的培养

对学生的评价应该是多元的、全面的。在课堂教学实践中，我采取过程评价和作品多元评价相结合的办法对学生进行科学评定。

我对学生的评价在教学过程中主要体现在三个部分：课堂表现、平时作业、学期作品。其中课堂表现占到总评的30%，主要重在培养学生良好的操作使用习惯、网络道德规范意识和行为以及主动参与课堂的意识。学生每一次的举手发言、每一次的上台演示讲解操作、每一个小小的课堂行为表现都是教师记录的依据、评定的标准。然而，作为学生信息技术学业评价的一种重要手段，作品的交流与评价显得越来越有

效，它能较全面地对学生进行多元测评，比如可以从作品的内容合理性、创新性及技术的熟练程度、美观性、合作的有效性等方面进行评价。

另外，由于评价的目的不是为了评比，而是为了促进学生的自我认知，让他们做得更好。所以，在对学生课堂作品作业的评价中我尤为注重三评相结合，即自评、他评和师评。尤其是作品的自我评价特别有助于学生自省智能的培养。为让每个孩子都有自我评价的机会，我们可以采取"档案袋"的办法。一个任务完成后，让学生自我分析一下，从各个方面对自己进行反思，使他们在反思中学会管理自己的学习，真正地将"学会学习"落到实处。加德纳认为：在一般的环境中，没有任何一种发展与别人无关。的确，我们是通过与别人的关系来认识自己的。因此，除了自我评价外，他人的评价同样显得十分的有意义。对于中学生来说，学生之间的互评是必不可少的，因为同伴的肯定与认可有时会比教师的肯定更有效。教师也可以发表自己的观点，但绝不是权威，评价并不是教师的专利。

（四）利用多媒体教学设备，创设"生动"教学环境，信息技术课堂中也需要音符

用情感诱导，营造"轻松和谐"的心理情境，是学生多元智能发展的良好开端。在信息技术课堂中可采取应用心境音乐的策略，创造一个合适的心境或情感氛围，培养学生良好的音乐智能。例如，在学生进行课堂练习时，教师可选取一定声音效果、自然声调、古典或现代音乐等，都可以促进形成某种特定的心境。另外，背景音乐也可刻意选取。例如，学生在进行电子板报作品的制作时，我就根据他们的主题内容有意识的选取了音乐（如：奥运会主题的"福娃""we are ready""超越梦想"；多彩四川主题的"我热恋的四川""醉苗乡"……），在这样一种情景中，充分发挥了音乐对学习所起的促进作用，同时也培养了学生强烈的情感和音乐智能。让信息技术课堂中多一些音符，让枯燥操作

的信息课堂"亮活起来"。

具体操作方法可以总计为：

1. 教学中创设良好的语言环境，培养学生的语言智能。

语言智能就是有效地听、说、读、写的能力，语言智能的发展对学生取得任何学科学习成绩的成功都有显著的影响。在计算机技术的教学中，师生往往都偏重实践、动手操作，看重操作结果，忽略了培养学生的语言智能，从而导致学生很难用语言来准确地描述自己的操作过程，在一定程度上影响了学生语言智能的发展。在计算机教学的初期，一些计算机的基础知识、基本概念都融入了学生的操作实践中，我们老师要有意训练学生用语言准确规范地描述自己的操作，培养学生的语言智能，使学生更清晰牢固地掌握基础知识。创设良好的语言环境，也更有助于同学间的互帮互助，更便于协作学习的开展。

2. 解决具体问题，促进数学逻辑智能的发展。

数学逻辑智能是指数学思维、逻辑推理和科学分析的能力。计算机作为一项操作性极强的学科与逻辑数理有着密不可分的关系，它是数学逻辑智能发展的产物。在计算机教学中，从具体的问题入手，引导学生从不同的角度去看待问题，用不同的方法去解决问题，从算法设计到计算机语言的运用，再到程序的测试运行，为每一个学生个体的数学逻辑智能的发展提供了空间；教师再对学生中的不同算法设计进行再分析、再比较，进一步优化程序设计思想，从而促进整体数学逻辑智能的发展。

3. 精心设计多媒体课件，开发视觉、激活空间智能。

空间智能就是在脑海中形成一个外部空间世界的模式并能够运用和操作这种模式的能力。利用真实空间、借助现实物理空间（如学校校园或多媒体计算机教室的所有计算机）进行直观教学（如解释局域网概念，了解局域网有关布局等）是培养空间智能最直接的手段。采用多媒体课件，图、文、声、像并茂，生动形象地创设空间，把教学内容视觉化，使学习的对象形象化，达到空间表征，有利于开发视觉、激活学生的空间智能。教师要建构这样的空间，设计制作有效的多媒体课件，既需要获取人类知识体系，也要求创造性的智能活动。

4. 营造音乐环境，激发音乐智能。

音乐智能主要指对于节奏、音调和旋律的感悟和直觉能力，以及用音乐表达思想感情的能力。音乐的生理和心理功能广泛应用于开发个体各种智能与潜能。学生听觉敏锐，善于模仿，具有音乐的潜能。因此，把音乐与教学内容有机地结合是培养学生音乐智能的主渠道。例如，我们在设计多媒体课件时可以配以适当的背景音乐，让音乐促进信息的输入、内化，使学生在轻松的氛围下掌握获取知识；在学生练习打字的时候可以播点音乐，一方面可以愉悦学生的心境，另一方面可以让学生增强节奏感，在不知不觉中提高他们的打字速度；在网页制作的时候可以让学生根据自己的网站特点注入背景音乐，给网站增色。也可让学生将音符选中，移动后组成不同的节拍，编曲欣赏，营造音乐环境，活跃课堂学习气氛，激发学生的音乐智能，同时也提高了学生的认知和情感水平。

5. 在实践、动手操作中发展肢体运动智能。

肢体运动智能是指运用整个身体来表达想法和感觉，以及运用双手灵巧地生产或改造事物的能力。在计算机教学中学生实践、动手操作机会较多，相对更有利于肢体运动智能的发展。如学生利用多媒体计算机打字、进行文字处理、数据分析、作图绘画、程序设计等，在发展了多种智能的基础之上也同时促进了肢体运动的发展；或者利用计算机本身的优越性，在游戏中间接发展肢体运动智能。

6. 开展合作学习，提高人际交往智能。

人际交往智能是人的多元智能中非常重要的一个方面，它主要指与人交往合作，觉察、体验和解读他人的情绪、情感和意图，并能据此做出适当的反应的能力。小组协作学习不仅能培养学生的交往意识和能力，开发学生的人际潜能，而且可以帮助、促进弱势群体，从而达到智能互补的效果。当然一般地在开展协作学习前，在学生自愿组合的基础上引导他们进行异质性分组，以便使智能互补，然后再有目的地引导学生，确保人际关系能力的提高。

以开发 VB 程序为例，教师先确立程序的主要功能，接着要求各小组集中讨论程序的模块设计和界面设计，然后由组员分工合作共同设计、制作程序，完成后每组指派一人解说，最后由教师评定。俗话说"三个臭皮匠胜过一个诸葛亮"，制作完成的网站肯定是集小组成员的多元智能于一体的最优秀的作品。类似这样的小组活动，让每一个学生都增加了活动的机会，有助于养成学生主动参与，勤于动手，乐于探究，学会在实践中学习，在合作中学习，以及在实践合作中逐渐养成与他人共处，与他人合作和交流的良好品质，特别是对那些性格内向、知识和技能暂时较差，容易害羞的学生，合作学习会给他们更多一些尝试学习和体验成功的机会，激活他们人际交往的意识；合作学习能营造轻松自如的学习气氛、降低学生的焦虑感，学生之间愿意沟通，愿意表达自己真实的思想感情，提高他们人际交往的能力。

7. 多元评价促进内省智能的培养。

内省智能是指具有自我认知、自我反省的能力，并善于用这种能力计划和引导自己的人生。交流和评价学生的作品能进行多元测评，促进内省智能的培养。比如可以从作品的文字、声音等媒体内容的合理性、创新性及技术的熟练程度、合作的有效性、自我评价等方面评价。作品评价不应只限在作品完成后进行，应该很自然地融合到整个学习活动中去，因为评价的目的不是为了评比，而是为了促进学生的自我认知，让他们做得更好。我们可以在学生操作前提供一些范例作品，比如让学生设计网站制作网页时，可以先展示一些现成的作品，让大家评判什么样的作品是美的、合理的，这样不仅给出了较为形象直观的评价标准，而且可以开阔学生的视野，给他们启发。一旦产生有创意的作品，我们教师应及时给予演播来引导学生努力的方向，把握住促进学生内省智能培养的机会。

作品的自我评价特别有助于学生的内省智能的培养。由于各智能之间的联系性，这种自我评价的过程同样非常有助于学生语言智能的培养。我们老师要给学生创设足够的安全感进行自我评价。

8. 训练观察技能，发展自然智能。

自然智能是指观察自然界中的各种形态，对物体进行辨认和分类，能够洞察自然或人造系统的能力。自然智能是一种超学科的技能，但又是各学科教学的主要任务之一。根据信息技术课的特点，充分利用网络资源，引导学生学习动植物和环境方面的知识；也可以引领学生离开教室、走出校园、贴近自然环境，让学生近距离观察、调查，分组收集相关信息，培养学生观察自然环境和人文环境的能力，并就此制作环保或者有关生态题材的网站和电子小报。

新课程标准提出了"为了全体学生的发展，为了学生的全面发展，为了学生的个性发展"的教育理念，加德纳的多元智能理论为个性化教育提供了一个开放的平台，也对我们计算机教师提出了更高的要求。如何将多元智能理论和计算机教学进行有效合理地整合，还需要广大的计算机教师去不断地研究和探索，最终实现教与学的最优化，达到开发学生智能、弘扬学生个性的目的。以上是我浅薄的认识，敬请同仁给予帮助和指正。

让语文作业呈现多元的光彩

彭 为

语文新课程标准提出：在语文课程建设上，要有开放的视野，要体现时代精神，反映多样文化，使课堂充盈着丰富的语文实践活动；同时还要不断探索紧密联系现实生活、联系儿童经验世界和想象世界的教学形式，最终构建课内外联系、校内外沟通、学科间融合的语文课程体系，使语文课程变得开放、创新，充满活力。

美国哈佛大学加德纳教授提出的"多元智能"理论，也强调人类是以丰富的方式在各项智能之中和之间表现其特有的天赋才能的。在"多元智能"理论影响下，我对学生的作业进行了多元的设计，让孩子们的作业体现自主性，呈现多元的风采。

（一）诗中有画，画中有诗

古诗是中华民族璀璨文化遗产中的一朵奇葩。优秀的诗歌都是十分精炼含蓄的，"言有尽而意无穷"，它留给学生的想象空间十分广阔。诵读古诗，探讨诗歌意境，往往让孩子们浮想联翩。于是在作业设计中，我鼓励孩子们用图画来表达对古诗的理解或自己独特的感受。于是，在学完毛主席的诗词《卜算子·咏梅》后，作业本上出现了这样一幅幅景象：冰天雪地的悬崖绝壁上，一枝枝梅花盎然绽放，那幽然的花香仿佛正随风传来，沁人心脾。梅花那种傲霜斗雪、顽强不屈的高尚气节跃然纸上，令人无不敬佩。孩子们的画作将平日里那种可意会而不可言传的感受淋漓尽致地抒发了出来。不仅如此，孩子们还自主地摘抄了不少关于梅花的好诗佳句："墙角数枝梅，凌寒独自开"、"梅花香自苦寒来"、"不要人夸好颜色，只留清气满乾坤"。孩子们的思维插上了想象的翅膀，入情入境，真正用心品味了诗中蕴涵的思想感情。把绘画引进作业中，让孩子们画中寓情，以画引思，这种全新的作业形式打破了原有的语文作业模式，使语文作业不再是枯燥的抄抄写写，而变得诗情画意、五彩缤纷了。

（二）激发灵感，引导写作

在语文作业中，我鼓励孩子们进行创作，并把创作与绘画结合起来，以表现其所见、所闻、所学、所思。我认为这样不仅能展示学生的多元智慧，也能激发他们的灵感，引导学生写作。如学习了《海滨小城》一课后，一位同学不仅在作业本上描绘出了海滨美丽的风景：湛蓝的大海，金色的海滩，五颜六色的贝壳，飞翔的海鸥，还在这幅美丽的作品旁题写了一首小诗："南国滨城天水蓝，鸥歌笛鸣泊雄舰。花红果香使人醉，疑是仙境落人间。"诗中流露出的陶醉之意和颇有古韵的词句，无不展示出孩子的语言智慧和对这种自主性作业的喜爱。

随着知识的积累，学习的不断深入，我时常引导孩子们做生活中的有心人，细心地观察，仔细地聆听，用心去体验，向课外的书本学习，给他们创作空间。我欣喜地看到，学习完《穷人》后，孩子们深深地被桑娜那种宁愿自己受苦也要为别人解除苦难、助人为乐的高尚品质感染，他们提笔续写了《穷人》的故事。在他们的笔下，善良的桑娜一家凭着自己的勤劳、善良，终于苦尽甘来，迎来了幸福的生活；在他们的愿望里，桑娜收养的两个孩子知恩图报，像对待亲生母亲一样孝敬她，这一家人虽然生活贫苦，可是其乐融融……读着这一个个感人至深的故事，我仿佛看到了孩子们一颗颗满怀真情与善良的心灵。

在长期的训练后，我给孩子们提出了更富挑战性的作业——制作展示自己多元智慧的个人诗集、作文集。不料，这项作业竟深受孩子们的喜爱。他们精心选择文章，设计封面，绘制五彩的图案，有的还利用电脑扫描出精美的背景，让作文集真的变成了一本锻炼和展示学生多元智能的"艺术"作品。这样的作业，不仅让孩子们当了一回文学编辑、美术编辑，还成了一位包装和"出版"作品的出版商。虽然他们的作品稍显稚拙，但却是他们多种智能的结晶啊。在孩子们的作品集中，我不仅看到了他们开阔的思路、理性的思考和多元的潜能，还看到了他们成功的喜悦和自信的身影。

（三）调动兴趣，参与表演

在作业布置中我还发现，孩子们对表演、对身心俱能参与的作业特别有兴趣。我抓住这一特点进行了这方面的尝试。学完毛主席诗词《菩萨蛮·大柏地》后，我布置学生课后搜集有关毛泽东的诗词，练习有感情地朗读，举办毛泽东诗歌朗诵交流会。经过努力，学生搜集了《沁园春·长沙》、《忆秦娥·娄山关》等近三十首诗词。"漫江碧透，百舸争流，鹰击长空，鱼翔浅底，万类霜天竞自由。""雄关漫道真如铁，而今迈步从头越。"一句句脍炙人口的诗句，使学生在凝重而厚实，明丽而隽永的气氛里，领略了伟人博大的胸襟，接受了伟人高尚情操的熏陶。这样的作业，不仅培养了学生搜集、整理、吸收信息的能力，更重要的是使他们在这些优秀诗词中受到了感染和激励，充分地展示出了自己的语言智能和交往智能，提高了品德修养和审美情趣，丰富了文化底蕴。

有的课文学完后，为了让孩子们对文章有进一步的理解，我还布置他们分组排演课本剧进行比赛。这就要求学生必须反复诵读课文，弄清每一个细节，将课文理解透彻。这样，表演时的每一个动作、每一个神态才能到位。在学完《奴隶英雄》后，我及时组织学生排演这个剧本，经过数次排练，学生将机智勇敢的斯巴达克，凶暴残忍的奴隶主，痛苦畏缩的奴隶等演得恰到好处。这时的学生俨然是一个个小演员，他们投入的神情仿佛在告诉我：老师，这样的作业我们爱做。课本剧的表演，拓宽了学生学习语文的渠道，调动了学生人际交往智能和语言智能，培养了他们的表演能力，提高了学生的语文素养。

在以上自主性作业设计中，我充分尊重了学生的个性发展，把学生看成有血有肉、情感丰富的学习主体，使我们教育的目的不只是传授知识，更是在于发掘并引领孩子们各种智能的发展。因此，让学生的语文作业充满活力，让它闪烁着多元智慧的光芒，必将引领着学生步入更为宽阔的文学艺术殿堂。

采用多种艺术手段丰富品德于社会课堂教学

马 夏

品德与社会学科作为一门新课程下的以儿童社会生活为基础，促进学生良好品德形成和社会性发展的综合学科，其内容包罗万象，也蕴涵了许多艺术美。美是客观存在的，它根源于社会实践，一部浩瀚复杂的人类历史，从美学角度看就是美与丑相斗争，最终以美战胜丑的历史。因此，我在教学中挖掘各种艺术美的因素，以形悦目，用美的具体形象陶冶学生，于潜移默化中实施艺术教育并运用绘画、音乐、戏剧、表演等多种艺术手段参与教学实践活动，达到使学生在艺术熏陶中享受美的效果。

（一）采用绘画手段参与品德与社会教学。

四、五年级的孩子充满幻想，怎样正确引导这些幻想，并让它们成为孩子学习的动力呢？不如把脑中的雏形描绘在纸上，勾勒出一幅幅蓝图。如在上《现代化的通信》一课中，各种现代化的通信工具让孩子们看得眼花缭乱，目不暇接。这时的孩子特别兴奋，不仅对此感兴趣，更想谈谈自己的想法和感触，我紧抓住这个小小的闪光点，设计让孩子们自己来当小小的发明家、设计家，在纸上设计一款心中的未来通信工具，比一比，看谁的设计外观更精巧，功能更齐全。孩子们的想象得到了发挥，纷纷拿起五颜六色的画笔，在纸上构筑他们心中的梦想。不一会儿，各种色彩斑斓，构形奇特的通信工具展现了出来，有抓人电话、耳环电话、多功能迷你电话、别针电话等等，其想象之丰富，让我不得不为之叹服。让我不仅看到了孩子们天真的心灵，更看到了祖国的未来因为有了他们而变得更精彩。另外，绘制课文情景画，看漫画即兴讲演等手段也常运用，收到了很好的教学效果。

（二）采用音乐手段参与品德与社会教学。

在本学科中很多课文都蕴涵了音乐因素，老师要注意充分挖掘。如在教授四年级"扎根家乡的传统"一单元里的《乡音乡情》一课时，为了让学生感受不同地区有不同特点的民间歌曲，我和学生一起搜集到许多不同地区的民间音乐或歌曲，如《跑马溜溜的山上》《黄土高坡》《大阪城的姑娘》《乌苏里船歌》《山路十八弯》等，请学生欣赏，要求学生边听边辨析，从中说出哪段是自己家乡的音乐，哪些是其他地方的音乐，并说出省（自治区）名。孩子们被优美的旋律所吸引，并细心地体味。在老师的引导下。学生总结到了：民间音乐具有鲜明的民族特色，最能体现家乡人的思想、情感和性格，也最能反映家乡的风土人情和生活状况。这节课效果很好，不仅有效地把艺术课和品德与社会课进行了整合，达到了学科之间的融合，也深化了学生对民间艺术的认同感。此外，我还根据学生的年龄特点，在学生讨论、作业时配以各种轻快的背景音乐。如在学生自由创作时，放上一曲《聪明的一休歌》，欢快的旋律、活泼的歌词让学生灵感大发，给学生创设了优美的学习氛围。

（三）采用表演手段参与品德与社会教学

品德与社会教学中，当学生面对美的事物啧啧称赞，"惊叹"不已时，我们不能让他们止于"望美兴叹"，还必须激发学生创作欲望，培养表现和创造美的能力，不同的课文，有时不妨来点幽默，营造一种与课文情感基调相符合的轻松愉快的氛围。如在上二年级《节约水、保护水》一课时，我先设置一段情景让学生表演：两个外星人到地球上寻找水资源，他们在导游的陪同下，分别到草原、沙漠、森林海洋等地，虽然海洋在地球上呈现的面积最大，但真正直接应用的却很少。再设问为什么我们必须节约水、保护水时。于是学生有感而发：如果再不节约水的话，地球上的最后一滴水将是人类自己的眼泪。进而在这种轻松愉快的氛围中上课，无疑会使全堂生辉。

总之，运用多种艺术手段参与社会教学达到了在艺术美的熏陶中愉快学习社会的效果。

携手多元智能漫步教学路

李 佳

从三年前我踏入这所以多元智能理论为办学特色的学校开始,我便与多元智能携手,踏上了我的教学之路。最初的自己学习了不少多元智能的理论书籍,知道了这是美国心理学家霍华德·加德纳先生经过多年研究,总结的理论。该理论突破传统的以"语言"和"数理"为核心的智力观,强调每个人都拥有多种彼此独立的智力。虽然有了理论知识的初步认识,但是这些专家们的高度提炼的智慧的总结仍然是看得我有些茫然,当然就更谈不上去用理论指导行为了,也就是说理论依然是理论,并未为我所用。直到上学年,我加入了学校的多元智能学习团队,经过一学年的学习,思考,我觉得自己有所顿悟,开始明白学校带领大家研究多元智能的价值和必要性,这确实是对学生和老师同时有益的理论,当我真正开始把理论引用到实际教学中,我收获了成长和惊喜,学生收获了公平的评价和展示自己的平台。所以多元智能并不是照搬前人的经验,真正的价值要自己尝试了才能体会,我真心地希望与大家分享我这一年的点滴感受。

(一)多元智能理论下的多彩课堂

我自己对多元智能理论下的英语课堂有这样的认识——尊重差异,因材施教。而英语课程标准就要求尊重学生的个体差异,积极倡导个性化的自主学习。这一点与我的认识不谋而合。教师应针对教学内容,学生的智能结构、学习兴趣与学习方式的不同特点,来选择与创设多种多样能促进每个学生全面发展的教学方法与手段,充分发挥每个学生的优势智力领域。小学英语课堂讲究玩、演、视、听、说、唱。这恰恰就是要用多种多样的教学方法来完成教学目标，把多元智能理论体现得淋漓尽致。而我自己在课堂中做了如下尝试：

1. 利用 Greeting，Listening，Writing 和 Drill 开发学生的语言智能。

在我的课堂中，在 Greeting 环节我设计了 duty report，让每个孩子轮流利用课前三分钟进行一个简短的口语表达，内容可以是本单元学习的话题，也可以谈论自己的喜好，也可以分享自己喜欢的好书，好音乐等等，其他的同学可以针对这位同学的发言进行提问，形成一个小小的班级英语角。开课之前，我都会设计一个与本课相关话题的 free talk. 比如 Unit 11 Cooking with Mocky 是以做蛋糕为话题，在开课前我就请同学们讨论"What food do you like?"引出新课，同时调动学生的语言储备。

2. 利用 Songs 和 Chant 开发学生的音乐智能。

根据不同的话题，我尝试让学生自己编写 chant，比如学习四季的单词时，我让学生总结四季的一些显著的特点，让学生把这些特点编写成朗朗上口的 chant：

Spring, spring, green and warm.

Summer, summer, red and hot.

Autumn, autumn, yellow and cool.

Winter, winter, white and cold.

3. 利用 Drawing 开发学生的空间智能。

我在低段的教学中运用的比较多。通过形象、直观的图画让学生能更快、更好地记忆单词。比如我在处理一年级的"They are cows"时，请孩子们自己画农场的小动物，并且向大家介绍他的农场。在教学反义词：tall，short，long，short，big，small，scary，cute 时，我请孩子们画出身边的实物来体现这样的反义词。结果孩子们很喜欢这样的活动和学习方式，都能快速地掌握至少一种反义词。

（二）注重课外延伸，体现作业特色。

1. 分层设计作业，照顾不同水平的学生。

"尺有所长，寸有所短"，每个学生学习英语的程度不同，课堂接受能力不同，如果单一的面向全体设计相同的作业，那就形成了后进生因为不会做而放弃，优等生因为太简单不屑做，从而达不到作业巩固的目的。比如，在学习了关于食物的单元后，我分层设计了这样的作业：

规范抄写关于食物的单词，并且认读；

选择至少5个关于食物的单词造句；

简单描述你最喜爱的一种食物，并写出原因。

这样就兼顾了各个层次、水平学生的需要，让他们都能完成教学任务，没有负担。

2. 特色作业，让学生爱上英语作业。

每次开家长会，家长们都会饶有兴致地围着欣赏贴在墙上的漂亮的"画"。到底是什么如此吸引家长的眼球呢？那就是我们的特色英语作业。色彩丰富的图案配上英文说明，人人都有自己的作品。这学期我们完成了两本特色作品集——我的梦想和班级菜谱。

在学习了《Ann's dream》这个单元，我让学生先画上自己做过最美的梦，并用至少三句话来形容自己的梦，学生们兴致高昂地在课堂上先用语言描述，周末回家把它落实在作业上，这样就成了自己的特有的作品，我再收集成册，给全班展示。同学们会不时赞叹有的同学绘画功力强，有的同学文字书写棒，有的同学语言能力强……孩子们会特别在意自己的作品有没有被其他同学注意到，这样的作业谁都愿意尝试。

我们的班级菜谱是在学习了《cookingwithMocky》之后，我请孩子们来当大厨，画上自己最拿手的菜，并写出制作步骤。收集整理起来，不就是咱们班级特色的菜谱了吗？孩子们发挥创意，完成了许多让我赞不绝口的特色作业。经过这些尝试后，孩子们开始爱上了这样的作业，开始追问我下个单元怎么设计？

携手多元智能理论，让我这一段教学路程走得快乐，并欣赏到了沿途的美丽风景。教无止境，学无止境，我将继续在这条路上摸索前进。

构建新课程下的多元智能教师队伍

1983年，哈佛大学《零点项目》研究所，《智能的结构》一书问世。霍华德·加德纳教授首次在这部心理学著作中，提出了多元智能理论。这是建立在现代脑科学、现代教育学、发展心理学等研究成果上的关于智力的理论。虽然这一新理论没有在当时的心理学界引起足够重视，却在教育界引起了轩然大波，导致许多国家和地区掀起了一次次教育革命的浪潮。多元智能理论也成为我国新课程改革的重要理论支柱之一。

新课程改革，呼唤教师更新观念、学会学习、学会合作、学会反思，成为因材施教、合作互动、多元反思型教师。建设一支多元智能反思型、团结合作的现代教师队伍，引领教师向专业化发展，已成为学校教育教学改革的重要课题，成为学校队伍建设的重点工程。在新课程理念指导下，怎样构建多元反思、因材施教、合作互动、资源共享的教师队伍呢？我们积极进行"新课程下的多元智能反思型教师校本培训"课题实验，作了以下一些探索。

（一）构建反思型多元智能教师队伍

在新课程下的多元智能反思型教师校本培训课题实验研究中，我们为多元智能反思型教师作了如下定义：

多元智能反思型教师是指在多元智能理论等现代教育理论指导下，能自主地认识并积极开发自身的多元智能，发挥优势智能进行教学，同时又能正确分析学生的多元智能，真正尊重、理解学生的智能类型及学习方式，因材施教，成功开掘学生多种智慧潜能，促进学生大脑全面发展、身心全面发展的教师。

建设多元智能教师队伍，使教师成为多元智能反思型教师，需要教师在多元智能理论和新课程理念的引领下，正确把握反思内容、寻找反思途径，敢于内省，善于反思。学校要积极探索反思型教师的培养途径与方法，促进教师在反思中成长。

即：

反思内容	反思途径	反思型教师培养途径
认识 自身 多元智能	1. 教师把自己作为观察、思考对象，对自己的优势智能和弱势智能进行认识、分析； 2. 填写多元智能分析表。	1. 组织多元智能理论和新课程精神的学习交流； 2. 设计、组织填写多元智能测查表，进行分析研究。
反思 自身 智能结构对 教学的影响	1. 分析自身的优势智能或弱势智能对教学产生的影响。（填表） 2. 反思：怎样让自身的优势智能对教育教学产生更为积极的影响；哪些智能严重制约了自己的教学，应当怎样开发培养？ 3. 反思：怎样在合作中借用同行和学生的优势智能？ 4. 不断调整、改进自己的教育教学行为，认真记下教学反思录。	1. 倡导教师勇于内省，善于反思。行政深入教学，了解教师的反思意识行为，及时进行鼓励引导。 2. 倡导教师以开放的心灵主动向同行学习，向学生学习。善于在合作中借用优势智能。 3. 引导教师制定培养计划，不断开掘自己的弱势智能。
对多元智能 主题活动 进行反思	1. 深入认识多元智能主题活动，加强学科融合，开发学生多元智能，促进学生全面发展。 2. 积极为多元智能主题活动献计献策，做活动的设计者、主体； 3. 对主题活动的设计、组织实施、效果进行反思。	1. 献计献策，研讨方案，统一思想，统一步调； 2. 每期组织开展 3~4 次校级"多元智能你说我说大家说"等交流活动，为教师提供交流、学习和反思的舞台。认真进行集体反思。

▲ 小学生多元智能发展探索 ▼

续表

反思内容	反思途径	反思型教师培养途径
对师德修养的反思	1. 反思自己言谈举止是否真正能为人师表，是否对学生的发展起到良好的示范与感染作用。 2. 对照教师职业道德规范条例，发现自身存在的问题，找到解决问题的方法。	通过"家长开放日活动"、"教师日常规范调查"等活动，帮助教师广泛听取学生、家长、同事对其师德修养的反馈意见，促使教师对自己的师德修养进行反思。
教师集体备课合作研究反思	1. 建设学习反思型组织——集体电子备课组，在集体电子备课讨论中交流反思，共享智力资源。 2. 建设学习反思型组织——学科教研组，合作学习、共享经验、集体反思，促进教师共同发展。 3. 建立沟通渠道，通过家长开放日、调查问卷、家长座谈等形式，广泛听取领导与同事的意见，了解学生和家长的反馈，使教师在师师、师生交流、与家长的沟通中反思。	1. 为每个办公室提供集体电子备课设备，建立电子集体备课制度，创设交流反思条件，保证备课小组能按时保质保量进行集体研讨活动。 2. 每期评选一次优秀教研组、备课组。完善教师上研究课、观摩课互评制度，帮助教师学会反思。 3. 鼓励教师在反思中不断总结经验，撰写论文，期末举行优秀论文评选交流活动。

（二）构建因材施教的多元智能教师队伍

"因材施教"是一个古老而又年轻的教学原则，虽然大教育家孔子早在两千多年前就已提出，可到现在仍然是一个崭新的课题。为什么要因材施教，怎样才能在大班教学的情况下面向全体因材施教？

多元智能理论认为，每个人都有九种或九种以上的智能，各种智能会出现不同的组合。智能的组合不同，会导致每个人学习、认识事物、理解以及表达的方式的不同，甚至导致今后职业选择、工作方式都会出现不同。因而在学校里，有的学生特别偏爱语文，有的则对数学有浓厚的兴趣。有人爱唱歌，有人则对绘画情有独钟；有人喜欢听中学，有人则喜欢说中学、动中学……学生的兴趣爱好、学习方式的不同，很大程度上是由其大脑所决定的。我们对学生的尊重，首先应当是对学生生理特点、智能结构的尊重，对其独特的学习方式的尊重。只有真正了解学生的学习方式，分析学生的智能组合，建立学生学习方式档案，在面向全体的过程中实施个别化教学，才有可能真正做到因材施教。为此，我校在多元智能反思型教师队伍建设中，对教师提出了明确的要求，即教师要积极认识、分析学生智能结构和学习方式，并对自身的教学行为进行反思，促进教师因人而教、因类而教、因班而教。即：

认识学生的多元智能	对学生的智能组合及学习方式进行分析，建立一定数量（每期1/3）学生学习方式档案；（填表）	引导教师逐步建立积极乐观的多元智能"学生观"、"智力观"，相信孩子的发展潜能。
对多元智能教学行为进行反思	1. 对多元智能研究课或家长开放课进行反思；（一期一次） 2. 对教学中是否尊重、理解学生智能组合及学习方式，真正因材施教、实施个性化教学进行反思； 3. 认真写教学反思录，及时主动记下教学点滴体验、感悟。	1. 加强随堂课质量管理，关注教师教学反思行为，在看课评课中引导教师反思，及时评议，促进教师教学行为发生转变。 2. 每月研读教师教学反思记录，组织多种形式的有效的反思交流，及时对教师的反思行为进行奖励。

（三）构建合作互动的多元智能教师队伍

新课程改革，强调学生要学会交流、学会合作。要培养会交流善合作的学生，首先要有会交流善合作的教师。然而，现实中教师的工作却常常是个体的、独立的、封闭的。教师渴望改变这种单枪匹马的工作方式，改变"老死不相往来"的工作状态，与同事合作备课、上课，用多种智能的合作，共同开启学生的多元智能，共创、共享教学资源。

实现教师合作互动、共享资源的途径可以有很多，如集体备课合作、教学中的换位合作、教学后的反思交流、学校大型主题活动中研讨与合作等等。

1. 电子集体备课中的合作互动

钻研教材、分析学生、编写教案，是教师走进课堂前的基础工作之一。然而长期以来，教师课前大量时间忙于埋头写教案，有时写教案的目的常常是为了应付学校的检查。怎样让教师从应付检查的状态中解放出来，与同事一同分析教材、研究教材重难点，探讨交流教学方法？我校在教师献计献策中，选择了老师们普遍认可的方法，即建立电子集体备课制度，采用现代备课方式，实现备课过程的合作和备课资源的分享。

合作途径	合作方式	学校引领
电子集体备课中合作与共享	1. 通读教材，备课小组分工，重点研读、重点备课； 2. 组合教案，集体研讨：重点备课教师主讲，备课小组交流，研究重点难点，理清教学思路，寻找教与学的多种方法。 3. 修改完善教案：各班教师针对自身特点和班级实际，进行相应调整，使之成为既有共性又富有个性的教学方案。 4. 本年级教师教学设计，为下一个年级提供参考。减少教师的重复劳动，实现教师的智慧共享。	1. 成立电子集体备课课题研究小组，进行制度研究。 2. 建立相应的保障制度、检查制度、评比激励制度。 3. 加强检查引导与及时评价，促进集体备课的进行。 4. 鼓励教师利用网上资源进行教学。寻找、建立更广泛的合作。 5. 校园局域网或城域网建立后，还可构建校与校、地区与地区或更大范围内的电子备课合作。

2. 在教学合作中扬长避短，智慧共享

教师间的合作，除了集体备课外，可尝试学科间的合作，如劳动课教师与社会、语文课教师共同进行某课教学设计（如一年级学科联合设计《风儿吹呀吹》）。还可尝试同年级教师间的教学合作，如一些教学内容可能需要的是自己的弱势智能，或不适合自己的教学风格，可以寻求同事间的合作，由擅长此类教材教学的老师来教学；还可以将某一课集体研讨的教学方案，针对各班学生实际进行调整，由一位教师执教一个年级，异班而教，异生而教。这样学生便能领略不同教师的教学风格，感受到不同教师的教学所长。

此外，利用多元智能家长开放课、校级区级研究课，可以实现年级组、学科组教师间的合作。

3. 在活动领域中合作互动，实现学科大融合，教师大联合

我校在多元智能理论和新课程精神指导下，从全面开发学生的多元智能，促进学生的全面发展出发，师生共同设计和组织了多元智能体育节、多元智能艺术科技节、多元智能实践—体验系列活动。通过丰富多彩的活动，打破学科界限，使学科走向融合、教师走向联合，共同为孩子们创造大舞台、大课堂。如在学校的多元智能体育节中，计算机教师与美术教师合作，共同指导学生进行体育节、艺术科技节会徽设计；英语教师、数学教师与体育教师合作，共同设计英语接力赛、数学接力赛；语文教师则倡导孩子们为体育节编写口号、会标，或加入小记者队，或写诗作文；音乐教师调动喜爱音乐的孩子加入123啦啦队，学唱运动歌曲，或为体育节写词谱曲；美术教师鼓励喜爱绘画的孩子，为体育节设计各式各样的吉祥物，绘制美丽的宣传画，制作独具特色的班旗，或加入小小摄影家协会；数学逻辑智能发达的孩子，则不断从体育节中采集数学信息，编写应用题或制作统计图表……

在构建多元智能教师队伍过程中，我校运用整合的思想与方法，将多元智能理论与新课程推进紧密结合，将课题研究与教师需要相结合，与学校管理、文化建设相结合，与主题活动相结合，形成了课题实验渗入学校各项领域，推动学校各项工作蓬勃开展的态势。我们发现承认师生的智能潜力，欣赏、挖掘师生的多元智能，不仅能促进教师群体的学习与分享、交流与合作，促进教师自我认识的提高，思考方式、工作方式的改变，还能培养教师的内省反思智能，形成一种反思共享氛围，促进学校学习文化、反思文化、共享文化等建设。使学校向多元智能特色学校的目标迈进。